comunica *con* ÉXITO

Diseño de portada: Editorial Sirio, S.A.
Maquetación de interior: Toñi F. Castellón

© de la edición original
2020 Ricardo Eiriz

www.eiriz.com

© de la presente edición
EDITORIAL SIRIO, S.A.
C/ Rosa de los Vientos, 64
Pol. Ind. El Viso
29006-Málaga
España

www.editorialsirio.com
sirio@editorialsirio.com

I.S.B.N.: 978-84-18000-71-3
Depósito Legal: MA-715-2020

Impreso en Imagraf Impresores, S. A.
c/ Nabucco, 14 D - Pol. Alameda
29006 - Málaga

Impreso en España

Puedes seguirnos en Facebook, Twitter, YouTube e Instagram.

RICARDO EIRIZ

autor de

Método INTEGRA

comunica con ÉXITO

Desarrolla
la capacidad de comunicar
de corazón a corazón

EDITORIAL
SIRIO

*Dedicado a Antonio López y todos los que
componéis Editorial Sirio, una verdadera familia de acogida.
La comunicación de mi trabajo
no habría sido posible sin vuestro apoyo.*

Índice

Introducción

*El objetivo de este libro es guiarte para que desarrolles
la capacidad de comunicarte de forma
exitosa en cualquier situación.*

C uando en Método INTEGRA comencé a acreditar instructores que, una vez preparados, impartirían nuestros cursos, me hice totalmente consciente de la necesidad de formarlos para generar impacto allá donde fueran.

Impartir cursos y conferencias ante todo tipo de audiencias, realizar entrevistas en medios de comunicación, llevar a cabo sesiones particulares con clientes de cualquier país, género o raza, tener una comunicación fluida con sus parejas para encontrar el equilibrio perfecto, o mirar hacia dentro de uno mismo para desarrollar una vida en coherencia y congruencia, eran algunos de los ámbitos de actuación de los instructores que requerían tener desarrollada la capacidad de comunicar.

Las personas nos desarrollamos en múltiples áreas, y por lo general todas ellas requieren establecer relaciones intra- e interpersonales. Cualquier dificultad que tengamos en el desarrollo de nuestras relaciones, limita enormemente nuestras expectativas de disfrutar de una vida plena.

La comunicación se convierte, por lo tanto, en una disciplina horizontal, con incidencia directa en todos los ámbitos de nuestra vida. Seas educador, empresario, ejecutivo, comercial, *coach*, político, sindicalista, o simplemente madre o padre de unos hijos a los que deseas transmitir determinados valores para que desarrollen todo su potencial y sean felices, la capacidad de comunicarte es fundamental.

Generar impacto en los demás requiere, en gran medida, desarrollar el potencial que todos tenemos para conectar y comunicarnos de forma exitosa, permitiéndonos fluir en nuestras comunicaciones.

Hablar en público es una de las asignaturas pendientes más comunes para buena parte de la población. Tanto al enfrentarse a grandes audiencias, como incluso ante pequeños grupos, con personas conocidas o totalmente desconocidas, se despiertan en la mayoría reacciones inconscientes en las que emociones como la angustia, la inseguridad, el pánico o la vergüenza, pasan a tomar el control.

Hablar en público sin el famoso miedo escénico, que incluso los artistas más famosos padecen, es tan solo una parte de lo que se necesita para comunicar con éxito.

Quizás estés pensando que tu problema no aparece ante una audiencia amplia, sino ante tu pareja, tus padres, tu jefe, o un desconocido en una fiesta. La comunicación uno a uno, en sus múltiples vertientes, también supone una importante limitación para muchas personas.

Ser incapaces de abrir nuestro corazón y transmitir lo que sentimos a quienes amamos, de dar nuestra opinión ante personas que consideramos cuentan con mayores conocimientos o experiencia que nosotros, de comenzar una conversación con un desconocido en la calle, o de saber escuchar cuando nos hablan, son problemas de comunicación ampliamente extendidos.

La comunicación contigo mismo, sin barreras ni disfraces, es fundamental en primer lugar para conocerte, y a partir de ahí para vivir en coherencia. Establecer esa conexión interna que te permita sentir que siempre eres tú, sin fingir ni actuar pretendiendo mostrar una imagen acorde con las expectativas de los demás, es el primer paso para desarrollar tus capacidades en el ámbito de la comunicación.

Ya sea hablando en público o en privado, podemos, debemos y merecemos alcanzar ese estado que nos permite disfrutar de cada momento de interacción con los demás.

Ser nosotros mismos y disfrutar siéndolo es la clave para comunicar con éxito. En otras palabras, para comunicar con éxito debemos ser, no fingir que somos.

Comunicar sin imitar a nadie, desarrollando nuestro propio estilo, nos permitirá dar lo mejor de nosotros mismos sin tener que poner nuestra atención en la forma en la que lo hacemos.

Cuando comunicamos, nuestro pensamiento debe estar en el contenido del mensaje que transmitimos, y no en la forma en la que lo estamos haciendo llegar a nuestros interlocutores.

Para hacerte más consciente de este concepto, realiza el siguiente ejercicio. Busca un bolígrafo y en cualquier papel que tengas a mano, estampa tu firma como habitualmente lo haces. A continuación, vuelve a hacer tu firma, pero en esta ocasión pensando en cada trazada que sigues con el bolígrafo.

A buen seguro te habrá resultado más difícil firmar poniendo tu atención en cada movimiento. Y si comparas los resultados, lo normal es que te identifiques mucho más con la primera firma, la automática, que con la segunda.

Todo el tiempo en que tu pensamiento está centrado en cómo lo estás haciendo, te mantienes desconectado del contenido que realmente deseas transmitir. Nos sucede lo mismo en cualquier otro ámbito de la vida, como por ejemplo al conducir.

Cuando vas al mando de tu automóvil, lo haces en *piloto automático*, sin pensar en cada reacción que tienes. Presionas el pedal del freno y del acelerador cuando corresponde, activas el intermitente para cambiar de carril, te detienes cuando llegas a un semáforo en rojo, aceleras cuando vas a adelantar, y un sinfín de reacciones que te permiten ir adaptando tu comportamiento a los distintos estímulos que van apareciendo en tu camino. Tan solo cuando pretendes llegar a un destino nuevo pones tu atención en encontrar dicho lugar.

Este modo de actuar en piloto automático lo logramos cuando nuestro subconsciente tiene interiorizada la programación adecuada. Si nos ponemos nerviosos o nos sentimos inseguros ante una determinada situación, es porque interiormente tenemos una programación que no nos permite fluir en ese momento.

Nuestra mente subconsciente está siempre alerta a los estímulos que van apareciendo en nuestro camino, y nos lleva a reaccionar de manera automática en función de la programación que tenemos. Cuando nuestro subconsciente encuentra coherencia entre el estímulo y nuestra programación, nos sentimos bien, y todo fluye. En cambio, cuando nos encontramos con un estímulo con el que no entramos en coherencia, se despiertan en nosotros todo tipo de reacciones para evitar dicha exposición.

El nerviosismo, la inseguridad, el miedo escénico, o el no permitirnos mostrarnos tal y como somos, no son más que reacciones automáticas «defensivas» ante una situación para la que no estamos preparados.

La buena noticia es que con independencia de la programación que nos haya acompañado durante nuestra vida hasta el día de hoy, siempre tenemos la capacidad de cambiar. De hecho, es lo que vas a hacer a través de los ejercicios que irás encontrando en este libro.

Para comunicar con éxito y disfrutar de la comunicación en cualquier tipo de situación debes tener tu subconsciente programado adecuadamente. Debes saber cómo preparar las comunicaciones. Y lo más importante, debes permitirte ser tú en todo momento.

Cuando decidí crear el curso Comunica con Éxito, que con el tiempo ha desembocado en la escritura de este libro, tuve muy claro que iba a ser un curso especial. Debía ser un curso que cambiara la experiencia vital de todos los participantes cuando hablasen en público y en privado, con independencia de lo que fueran a transmitir.

El título, *Comunica con éxito*, nace como fruto de una profunda reflexión para encontrar el título que mejor reflejara el resultado perseguido con el curso, y posteriormente con el libro.

Comunicar con éxito es mucho más que hablar en público, mucho más que desarrollar la oratoria, y por supuesto nada tiene que ver con manipular a los demás.

Comunicar con éxito significa ser capaz de hacer llegar tu mensaje a tu audiencia, haciéndoles mirar hacia dentro y conectar con lo más profundo de su ser.

Comunicar con éxito es el arte de hablar adecuadamente, conectando contigo y con los demás, y de manera eficaz para alcanzar unos objetivos determinados.

El curso, que impartimos en Método INTEGRA desde el año 2015, se ha convertido en una experiencia de vida para las miles de personas que lo han tomado, y estoy seguro que este libro logrará un impacto similar.

Este libro te guiará para que tú mismo alinees tu subconsciente de un modo similar a lo que hacemos en los cursos, pero como es evidente la parte práctica en la que evidencies los cambios dependerá exclusivamente de ti.

A diferencia del libro, los cursos incluyen una importante parte práctica que permite evidenciar los cambios en directo, siendo todos los participantes testigos de los mismos.

En ocasiones, lo que hay detrás de la incapacidad para comunicarnos son memorias emocionales generadas en algún momento de nuestras vidas que, al activarse, nos secuestran emocionalmente limitando nuestras capacidades mentales e intelectuales.

También las creencias que albergamos respecto a nosotros mismos, a nuestras capacidades, o incluso a las expectativas que tenemos sobre el modo en que los demás deberían responder nos pueden paralizar en determinados momentos.

En los próximos capítulos te ayudaré a conocer lo que te impide disfrutar de la comunicación, y lo más importante, a cambiar esa programación que te está limitando.

También aprenderás a preparar adecuadamente cualquier comunicación que vayas a realizar, ya que de ello depende en gran medida tu éxito.

Por último, aprenderás a no sabotear inconscientemente tus actos de comunicación con los demás en el momento en que los estés realizando.

Este libro no es para leer, sino para hacer. Si te quedas en su lectura, y en los conceptos que van a ir apareciendo, te perderás lo más importante, tu transformación interior para convertirte en un gran comunicador.

Lo que tienes en tus manos ahora es la respuesta al deseo que posiblemente te ha acompañado durante algún tiempo, y te debe llevar a conectarte contigo mismo, permitiendo que sea tu subconsciente quien te guíe en todo momento cuando te comuniques. Pero no desde el plano en que lo venía haciendo, sino desde aquel que te permita disfrutar de cada instante estando conectado contigo mismo y con los demás.

¡Disfruta de la experiencia!

Conecta con tu esencia

Nuestro mayor freno está en nosotros mismos.

A medida que crecemos nos vamos desprendiendo de la frescura, sencillez e inocencia que tenemos de niños. Las experiencias que vivimos nos dejan huellas, que condicionan enormemente el modo en que nos enfrentamos a la vida, en ocasiones llegando a suponer un lastre insoportable.

Ya de adultos, y como consecuencia de esas huellas, nos vemos impedidos para brillar con todo el poder que poseemos.

Somos seres maravillosos, con un potencial prácticamente ilimitado. Aun así, el desconocimiento nos impide acceder a todo ese potencial y utilizarlo para crear la vida que deseamos.

Uno de los ámbitos en los que desarrollamos mayores limitaciones es el de la comunicación. Lo queramos o no somos seres sociales, que vivimos en continua relación con los demás. Padres, hermanos, abuelos, tíos, amigos, compañeros de estudios y posteriormente de trabajo, parejas, vecinos, y muchos otros van apareciendo en nuestras vidas, poniendo a prueba nuestras capacidades comunicativas.

Cada experiencia que vivimos, o de la que simplemente somos testigos, es interpretada por nuestra mente y utilizada para grabar información sobre nosotros mismos, nuestro potencial y nuestro mundo.

Esas memorias que grabamos de forma inconsciente son utilizadas por nuestra mente para llevarnos en piloto automático por la vida, empujándonos a disfrutar de las experiencias que deseamos, o bien a viajar con el freno de mano puesto, evitando exponernos a riesgos que nos pudieran hacer sufrir del mismo modo que lo hicimos en el pasado.

La exposición, ya sea en público o en privado, lleva a muchas personas a disparar respuestas emocionales que les paralizan o bloquean, impidiendo que la comunicación se lleve a cabo de forma fluida.

En otros casos, aparece una coraza que, a fin de evitar el sufrimiento, impide que los demás puedan vernos, llevándonos a filtrar la comunicación a través exclusivamente de la razón.

Son los dos extremos, ambos negativos y limitantes para establecer comunicaciones exitosas.

Tanto la parte racional, nuestra mente consciente, como la instintiva, nuestro subconsciente, son imprescindibles para conectar con los demás y generar trascendencia con nuestro mensaje.

Poniendo nuestra atención en el acto de la comunicación observamos dos partes diferenciadas. Por un lado, el mensaje que deseamos transmitir, el contenido, que requiere de una preparación previa. Y por otro, la forma con la que lo hacemos llegar a nuestros interlocutores.

Ambas partes de nuestra mente, racional e instintiva, juegan un importante, aunque diferenciado, papel al llevar a cabo la comunicación.

La preparación previa debe ser racional. El acto en sí de la comunicación debe ser básicamente instintivo, centrando toda nuestra atención en el mensaje que en cada momento deseamos transmitir.

Si miramos el mundo del cine, aparecen tres figuras principales: el guionista, el director y el actor. Los papeles del guionista y del director vendrían a ser racionales, mientras que el del actor sería principalmente instintivo. El actor no debe estar controlando conscientemente, sino dejándose fluir en aquello que está haciendo, mientras que el director sí debe estar filtrando a través de la razón aquello que está sucediendo.

Guionista	Mente consciente
Director	Mente consciente
Actor	Mente subconsciente

Cuando nos comunicamos, debemos asumir los tres papeles.

La preparación previa, asumiendo el papel de guionista, está en manos de nuestra mente consciente o racional.

El diseño de la estrategia y la preparación para la posterior puesta en escena está en manos de nuestro director, también con una visión racional, que emana de la mente consciente.

Salir y comunicar ante tu audiencia, de una forma totalmente natural, ya sea con tu pareja o ante un auditorio con diez mil personas, está totalmente en manos de tu subconsciente.

Por último, saber leer lo que está sucediendo en cada momento durante la comunicación, y decidir algún cambio de estrategia en caso de ser necesario, vuelve a ser responsabilidad del director, y por lo tanto requiere usar las capacidades analíticas y racionales de la mente consciente.

El momento en el que nuestra mente consciente tiene el papel de protagonista principal en el ámbito de la comunicación, es en la preparación previa. Posteriormente, en el momento en que la comunicación se está llevando a cabo, el protagonista principal es la mente subconsciente, adquiriendo la mente consciente un rol secundario, aunque también importante.

La mente consciente nos provee de la capacidad de pensar y de razonar. Nos permite diseñar el futuro que queremos vivir, y analizar las experiencias y conocimientos adquiridos en el pasado. A través de estas capacidades podemos estructurar de forma óptima el mensaje, enlazar los conceptos adecuadamente, diseñar la mejor estrategia para impactar en los demás, y prepararnos para llevar a cabo una comunicación excelente.

Aun así, incluso en esta preparación previa, nuestro subconsciente tiene mucho que decir, ya que capacidades como la concentración, la creatividad, la confianza, la seguridad, el optimismo, y muchas otras cualidades necesarias para llevar a cabo una preparación óptima, dependen en gran medida de nuestra programación previamente adquirida.

En este capítulo nos vamos a centrar en una parte de la preparación que tu subconsciente requiere para desarrollar esa capacidad de comunicación que todos traemos de base. Vas a realizar la limpieza de memorias emocionales.

Un gran comunicador, ¿nace o se hace? Según mi experiencia, ambas cosas. Todos nacemos con la capacidad de ser excelentes comunicadores, pero las experiencias que vivimos nos llevan a desarrollar dicha capacidad, o bien a reprimirla en lo más profundo de nuestro ser.

Es en este último escenario, una vez establecida la limitación a nuestro potencial, cuando podemos afirmar que el gran comunicador se hace. Y para ello basta con recuperar nuestra libertad interior para conectar con nosotros mismos y con los demás.

Imagina que dispones de un auto de fórmula 1, y lo tienes en medio de una ciudad. Es evidente que por enormes que sean sus prestaciones, ese auto no brillará en ese lugar. De hecho, es fácil que cualquier pequeño roce dañe alguna pieza, e incluso si desconocemos su verdadero potencial, podríamos llegar a pensar que es un auto que no sirve para circular. Reparando las piezas dañadas y llevándolo al lugar adecuado, un circuito, ese auto se convertirá en una joya y brillará.

Como posiblemente ya sabes, la comunicación se compone de dos partes, la verbal y la no verbal. Tanto una como la otra pueden aprenderse y mejorarse con facilidad.

Si estás leyendo este libro es porque probablemente pertenezcas al grupo de personas que, en el ámbito de la comunicación, «necesitan hacerse», o lo que es lo mismo, necesitas llevar a cabo la transformación interior necesaria para permitirte brillar y disfrutar haciéndolo.

En tu subconsciente está la clave para lograrlo. Es ahí, en esa parte de tu mente que funciona de forma reactiva ante los estímulos que encuentras en tu camino, donde tu potencial está cercenado.

EL SUBCONSCIENTE

Tu subconsciente te lleva con eficiencia por la vida en piloto automático, sin que tengas que pensar el modo en el que actúas en cada momento, siendo el responsable directo de la mayoría de decisiones y reacciones que tienes, de tus emociones, y de todos tus hábitos. Te guste o no, tu vida está literalmente dirigida por tu mente subconsciente.

El miedo escénico antes de enfrentarte al público, la inseguridad al ir a realizar una entrevista de trabajo, o el nerviosismo cuando te vas a encontrar con esa persona que te gusta, son tan solo algunos ejemplos de reacciones que tu subconsciente puede llevarte a generar de forma automática. Ninguna de estas reacciones la decides conscientemente antes de ser ejecutada.

El subconsciente no interpreta ni analiza. Tan solo responde de acuerdo con una programación previamente adquirida.

Desde que nacemos, e incluso antes, vamos memorizando respuestas ante las situaciones que encontramos en nuestro camino, conformando de ese modo nuestra programación subconsciente.

Cada experiencia que vivimos nos lleva a reforzar esa programación previa, o a cambiarla parcialmente. Y todo ello lo hacemos en procesos espontáneos e inconscientes.

Lo que creemos de nosotros mismos y de los demás, lo que pensamos del mundo que nos rodea, e incluso el modo en el que consideramos que debemos relacionarnos con ese mundo, forman parte de nuestra programación, y por ende de nuestro modo de vivir.

Acceder a nuestro potencial en cualquier ámbito, pasa por alinear nuestra programación subconsciente y permitirnos hacer uso de dicho potencial, sin esfuerzo, en nuestro día a día. Si nosotros mismos nos limitamos con

una programación que nos impida sacar nuestra mejor versión, jamás seremos lo que realmente podemos llegar a ser.

Afortunadamente todos podemos acceder a nuestro subconsciente, comunicarnos con él, y cambiar su programación si no nos gusta cómo está dirigiendo nuestra vida en estos momentos. Por supuesto, este libro te guiará en las próximas páginas para que puedas hacerlo.

Llevarás a cabo esta comunicación con tu subconsciente, y su posterior cambio de la programación, usando algunas de las técnicas que enseñamos en Método INTEGRA.

En concreto, utilizarás el test muscular para saberle preguntar a tu subconsciente; la técnica de liberación de traumas para liberarte de los traumas emocionales; el RESET EMOCIONAL para hacer lo propio con los bloqueos emocionales; y por supuesto, aprenderás también a grabar creencias.

Estos tres elementos a los que acabamos de hacer referencia, traumas emocionales, bloqueos emocionales y creencias, conforman la programación más básica que nuestro subconsciente utiliza, y deberían ser trabajados siempre que se hace una reprogramación duradera a nivel subconsciente.

Traumas emocionales y bloqueos emocionales son dos tipos de *memorias emocionales* que generamos y almacenamos a un nivel inconsciente en nuestro día a día, y que nos condicionan enormemente, limitando nuestras capacidades físicas, mentales, actitudinales y por supuesto emocionales.

El miedo escénico, paralizante para algunas personas, se activa como consecuencia de un trauma o un bloqueo emocional. Asimismo, el nerviosismo previo a una cita o una reunión importante, también acostumbra a ser activado como consecuencia de alguna memoria emocional.

Las creencias son memorias también inconscientes, responsables del modo que tenemos de vernos a nosotros mismos y a los demás, y también de cómo nos relacionamos con ese mundo que nos rodea.

Nuestras creencias nos llevan o no a confiar en nosotros mismos, a tener seguridad, a creernos merecedores, a tener capacidad de decisión y determinación, a gustarnos a nosotros mismos, etc. Cuando nos encontramos en situaciones en las que nuestro subconsciente no encuentra coherencia entre la experiencia que vivimos y las creencias que tenemos, acostumbra a disparar alguna emoción a modo de alerta.

El problema está en que cualquier emoción que sentimos intensamente limita la actividad del córtex prefrontal, que es donde radica nuestra capacidad, entre otras cosas, para pensar, razonar, comprender y tomar decisiones meditadas. Nuestras capacidades intelectuales se reducen de manera drástica en esos momentos.

Todas las emociones que sentimos, así como los hábitos que repetimos una y otra vez, están originados por alguna combinación de estos tres elementos (traumas, bloqueos y creencias).

★

A partir de aquí vas a aprender a comunicarte con tu subconsciente, a eliminar traumas y bloqueos emocionales, y por supuesto a grabar creencias.

Las técnicas que usarás están ubicadas como anexos al final del libro para que te resulte más cómodo recurrir a ellas cuando lo desees. Pero por el momento no te adelantes, te iré guiando paso a paso cuando debas acceder a ellas.

Comencemos por el principio, que no es otro que aprender a utilizar el test muscular para comunicarte con tu subconsciente.

2.1. EL TEST MUSCULAR

Si tu subconsciente es el responsable de que puedas o no comunicarte con éxito, y quieres realmente hacerlo, lo más inteligente es permitir que sea él mismo quien te guíe en la identificación de lo que debes cambiar de ti mismo.

Lo bueno es que el subconsciente no funciona de un modo racional, sino meramente mecánico, no teniendo la capacidad de pensar ni de interpretar.

Como si de un ordenador se tratara, tu subconsciente responde de manera automática ante los estímulos o las órdenes que encuentra. Ante cada estímulo busca la programación que tiene asociada y la ejecuta.

Sus respuestas determinan nuestro comportamiento, nuestras emociones, así como distintas reacciones fisiológicas, entre las que destaca un cambio en la tensión de nuestros músculos.

El test muscular te permitirá medir estos cambios, que por lo general se producen del siguiente modo: los estímulos positivos generan una reacción de tensión muscular (fuerza), mientras que los estímulos negativos generan una reacción de debilidad muscular.

Cuando realizamos una afirmación, nuestros músculos responden instantáneamente debilitándose si nuestro subconsciente considera que es falsa. Asimismo, al realizar una pregunta, nuestros músculos también se debilitan cuando la respuesta desde la perspectiva de nuestro subconsciente es «no».

Cuando la afirmación es cierta, o bien cuando la respuesta a la pregunta es afirmativa, los músculos generan la reacción opuesta, poniéndose en tensión. Y esto sucede en todos los músculos del cuerpo.

En casos puntuales, pero exactamente igual de válidos, las respuestas «sí» y «no» con el test muscular están invertidas, o lo que es lo mismo, la respuesta «sí» está asociada a debilidad muscular, y la respuesta «no» va acompañada de tensión muscular.

Si utilizas habitualmente algún test muscular, por supuesto puedes seguir usándolo. En caso de no haber utilizado ninguno, dedica el tiempo necesario para familiarizarte con el que considero más sencillo, el *test muscular del balanceo*, que encontrarás en el anexo 1 (página 161).

Si deseas aprender otros test musculares, en el libro *Método INTEGRA* encontrarás explicados varios. Todos ellos del tipo autotest, lo que te permite llevar a cabo los ejercicios de transformación sin requerir el apoyo de ninguna otra persona.

Sentirte cómodo usando el test muscular es importante para posteriormente permitirte fluir en las transformaciones que realices.

Cuando se utiliza el test muscular para ser guiados en los procesos de transformación debes saber que cualquier respuesta es posible, por lo que habrás de estar siempre abierto a la respuesta que tu subconsciente te ofrezca a través del test muscular, sea la que sea («sí» o «no»).

Practica de forma relajada y concentrándote en lo que estás haciendo. Cuanto más practiques mayor sensibilidad tendrás para identificar las respuestas. Recuerda que la práctica hace al maestro.

Si no lo has hecho todavía, ya no lo debes demorar más, ve al anexo 1 y practica con el *test muscular del balanceo*. Cuando hayas experimentado lo suficiente regresa a este punto y continúa leyendo.

> Ve al Anexo 1 (página 161) para aprender
> a usar el test muscular del balanceo

Ahora que has aprendido a preguntarle a tu subconsciente usando el test muscular, vas a utilizarlo para saber cuál es tu punto de partida en lo que a la comunicación se refiere.

En el cuadro que aparece a continuación hay una lista de creencias relacionadas con distintos aspectos de la comunicación. Lo que vas a hacer en primer lugar es anotar en la columna «lo que piensas», un «sí», o un «no», en función de si consideras que tienes la creencia que aparece a la izquierda interiorizada o no.

	LO QUE PIENSAS	TU REALIDAD
1. Merezco disfrutar hablando en público.		
2. Sé transmitir mis ideas con claridad y convicción.		
3. Soy un excelente comunicador.		
4. Confío en mí mismo.		
5. Disfruto hablando en público.		
6. Siempre preparo con antelación todas mis comunicaciones.		
7. Me siento bien siendo observado.		
8. Me resulta fácil captar la atención del público.		
9. Las preguntas del público son un regalo y una oportunidad para brillar.		
10. Me siento bien sin esperar ser reconocido.		

Ahora que ya sabes lo que piensas a nivel consciente, ha llegado el momento de interrogar a tu subconsciente para saber lo que realmente tiene programado. Para ello, leerás cada una de las creencias del cuadro y observarás la respuesta que tu subconsciente te da a través del test muscular. Si la respuesta es un *sí*, esa creencia la tienes interiorizada. Si es un *no*, esa creencia no forma parte de tu programación. Las respuestas que vayas obteniendo las anotarás en la columna «Tu realidad», pero antes de comenzar, continúa leyendo las siguientes indicaciones hasta que te indique que procedas a realizar la consulta.

Cuando leas cada una de las creencias, no pienses siquiera en lo que estás preguntando. Tu atención debe estar en la respuesta, que a través de tu cuerpo tu subconsciente te esté dando.

No entres a valorar o juzgar las respuestas que vayas obteniendo. Una cosa es lo que te gustaría, o lo que piensas, y otra lo que realmente tienes como programación. Permítete simplemente llevar a cabo este proceso de autodescubrimiento con la tranquilidad y confianza de que, con independencia de tu realidad actual, al finalizarlo estarás mucho más cerca de ser la persona que quieres.

Si lo que vas descubriendo no encaja con lo que pensabas o te gustaría, no te sientas afectado negativamente ya que en los siguientes capítulos tendrás la ocasión de cambiarlo. Además, conocer tu realidad al inicio del proceso te permitirá valorar el importante salto que, a buen seguro, habrás realizado al finalizar este libro.

Si en algún momento del proceso te cuesta obtener respuestas, respira profundamente y bebe un poco de agua.

Ahora sí, interroga a tu subconsciente por medio del test muscular leyendo una a una las creencias, y anota los resultados en el cuadro anterior.

★

El test muscular te permitirá interrogar a tu subconsciente, un paso clave para realizar transformaciones efectivas.

A partir de aquí vamos a enfocarnos ya directamente en la transformación. Los dos siguientes apartados de este capítulo te permitirán conocer y liberarte de memorias emocionales de dos tipos: traumas emocionales y bloqueos emocionales.

Tanto los traumas como los bloqueos son disparadores altamente efectivos de emociones, por lo que te conducen a conectar con estados emocionales desagradables, y en consecuencia a reducir tus capacidades comunicativas.

Deshacerte de los traumas y bloqueos emocionales que te impidan comunicarte con éxito es el primer paso para luego interiorizar las creencias que te lleven a convertirte en un buen comunicador.

Si por alguna razón has sido incapaz de obtener respuestas fiables con el test muscular, no te detengas y continúa con el proceso. Sigue las instrucciones que se indican en los próximos apartados, saltando las consultas que se realizan con el test muscular. De este modo llevarás a cabo las transformaciones necesarias, con la salvedad de que no habrás podido identificar la necesidad o no de realizar cada parte del proceso, y tampoco tendrás la confirmación final de la transformación realizada. Pero mucho mejor hacerlo de este modo que no hacerlo.

Aplicar las técnicas de liberación de traumas emocionales, y de bloqueos emocionales que verás a continuación sin haber verificado previamente la existencia o no de los mismos, no supone ningún riesgo. En esos casos la intención que debe dirigir el proceso es la de «liberar todo aquello que deba ser liberado para alcanzar el objetivo».

2.2. TRAUMAS EMOCIONALES

Los traumas emocionales son memorias poderosas que suponen un bloqueo energético y generan una especie de cortocircuito a nivel emocional.

Se trata de memorias generadas en momentos en los que conectamos intensamente con una emoción desagradable, y nos resistimos a aceptar la situación que estamos viviendo, o de la que somos testigos.

Ante cualquier experiencia que vivimos, nuestro subconsciente identifica y utiliza las creencias que tenemos asociadas a ese evento. Si nuestras creencias nos llevan a conectar con la injusticia, el dolor, la pérdida, la soledad o cualquier otra emoción poderosa, y no disponemos de los recursos necesarios para deshacernos de ella, es fácil que activemos una memoria de trauma emocional.

Los traumas emocionales son memorias de frecuencias energéticas asociadas a emociones, generadas como consecuencia de sucesos estresantes que vivimos, y no fuimos capaces de digerir en el momento que sucedieron.

La clave para la generación de estas memorias radica en la no aceptación del suceso del que hemos sido, directa o indirectamente, testigos. Es, por lo tanto, nuestra programación subconsciente —y en particular nuestras creencias en el momento de vivir la experiencia traumática—, la responsable directa de la generación de los traumas emocionales que tenemos.

Entender esto te permitirá dejar de culpar a los demás, y asumir el poder que realmente tienes como creador de tu propia vida.

No es por lo tanto el suceso en sí, sino nuestra forma de interpretarlo y de responder ante él, lo que genera en nosotros el trauma emocional.

Es habitual que aparezcan traumas cuando somos testigos de un hecho vinculado al daño o la muerte de otro ser humano, al recibir una noticia trágica relacionada con un ser querido, o cuando somos víctimas en primera persona de algún episodio doloroso.

Son muchas las situaciones que podrían llevarnos a generar un trauma emocional que nos limite a la hora de comunicarnos. La más habitual proviene de la infancia, y está relacionada con ser ridiculizado por el maestro o los compañeros al no saber la lección, o al olvidarte del texto en una actuación escolar.

Otras situaciones como verte obligado a guardar silencio para no ser descubierto durante un atraco, una guerra o cualquier otra situación violenta también se hayan en el origen de muchos de estos traumas que condicionan la comunicación.

En general, cualquier suceso que nos lleve a generar un impacto emocional importante, puede estar en el origen de un trauma emocional que nos deje secuelas enormemente limitantes, durante un largo periodo de tiempo.

Si has tenido un trauma emocional durante tu infancia, o tu juventud, relacionado con la comunicación en público o en privado, es muy probable que tu desempeño a nivel profesional, e incluso a nivel de relaciones, se haya visto totalmente limitado.

Por fortuna, como después verás, disponemos de herramientas para deshacernos de cualquier trauma emocional, con independencia de su origen. De hecho, en caso de tenerlo, lo eliminarás sin ni siquiera identificar su origen o las experiencias que te llevaron a generarlo.

Un trauma es una memoria emocional permanentemente activada, por lo que nos mantiene conectados con la emoción originaria de un modo inalterable.

La conexión emocional permanente requiere asimismo de una determinada activación neuronal en el cerebro, también permanente. Se trata de una especie de cortocircuito neuronal que se mantiene siempre activado.

Este cortocircuito neuronal nos mantiene vibrando de forma ininterrumpida en la emoción asociada, esa que sentimos intensamente en el momento de su generación. De ahí el término *cortocircuito emocional* al que hacía referencia al principio de este apartado.

Los traumas emocionales nos mantienen secuestrados a nivel emocional, impidiéndonos cambiar de sintonía, o lo que es lo mismo, nos quitan la posibilidad de sentir otras emociones, mejores o peores.

El trauma es una memoria emocional habitualmente vinculada a otras memorias, como es el caso de los bloqueos emocionales, y por supuesto de las creencias. De ahí que una transformación a nivel subconsciente realmente efectiva debe abordar como mínimo estos tres elementos.

En cualquier caso, la transformación para desarrollar la capacidad de comunicarte con éxito debe comenzar con la liberación del trauma emocional correspondiente, en caso de que este exista.

Algunos traumas emocionales son fácilmente identificables por lo incapacitantes que se vuelven para quien los sufre, mientras que otros son más sutiles, y se manifiestan como una suave, aunque permanente, conexión emocional de fondo, lo que dificulta su identificación a simple vista.

Nuestra atención en ningún caso estará en los indicios o en los síntomas. Tampoco emitiremos juicio alguno al respecto de la existencia o no de un trauma. Lo que haremos será identificarla preguntando directamente al subconsciente.

La liberación efectiva de un trauma lleva a la desconexión del cortocircuito neuronal, apagando para ello la red que se mantenía activada con dicho trauma.

La técnica de liberación de traumas que vas a utilizar desactiva punto por punto la red neuronal del trauma.

La existencia de un trauma emocional limita el ámbito de actuación de otras memorias o programaciones que también tenemos a nivel subconsciente. Es por ello que, una vez liberado el trauma, recuperas la libertad para sentir todo tipo de emociones, tanto agradables como desagradables, ampliando el rango de emociones con las que puedes sintonizar.

La liberación de un trauma emocional, en ocasiones puede generar desconcierto en algunas personas, al descubrirse conectando con emociones inesperadas, algunas incluso desagradables.

Una persona que, por ejemplo, siente apatía como consecuencia de un trauma, podría tras su liberación, recuperar la ilusión por vivir, pero también podría descubrirse sintiendo rabia o ira. La clave está en el resto de memorias que la persona tiene, y que le llevan a activar esa nueva respuesta emocional.

La técnica de liberación de traumas que vas a utilizar, es una de las muchas técnicas que forman parte del método INTEGRA, y te permitirá liberar los traumas emocionales siguiendo un camino que no requiere siquiera conocer el suceso que llevó a la generación de dichos traumas, y mucho menos conectar con las emociones que encierran.

Ve ahora al anexo 2 para aprender a utilizar la técnica de liberación de traumas. Si ya la conoces, no está de más refrescarla de nuevo antes de continuar.

Ve al Anexo 2 (página 165) para aprender a usar la técnica de liberación de traumas

Ahora que ya sabes liberar traumas, ha llegado el momento de identificar si tienes alguno que te impida comunicarte de forma exitosa en cualquier situación. Para ello, pregunta a tu subconsciente con el test muscular:

¿Tengo algún trauma emocional, en cualquier nivel, que me impida comunicarme de forma exitosa en cualquier situación?

En caso afirmativo, pasa directamente al punto 3 del Proceso de Liberación de Traumas que acabas de aprender.

Una vez libre de traumas emocionales para poder alcanzar el objetivo de este libro, y que no es otro que el desarrollar la capacidad de comunicarte de forma exitosa en cualquier situación, puedes pasar al siguiente punto y deshacerte, en caso de existir, del bloqueo emocional que te impida también alcanzar este objetivo.

2.3. BLOQUEOS EMOCIONALES

Los bloqueos emocionales son también memorias generadas inconscientemente en situaciones que conectamos con emociones desagradables, como respuesta a experiencias que vamos viviendo.

En este caso, los sucesos que puede haber en el origen de los bloqueos emocionales abarcan situaciones más diversas de las que se encuentran tras los traumas.

Además de las situaciones impactantes y no aceptadas por nosotros, que veíamos como origen de los traumas, está el mantenimiento permanente a lo largo del tiempo de una determinada conexión emocional.

Permíteme ponerte un ejemplo para mostrarte este segundo tipo de experiencias.

Imagina que de niño tus padres no te permitían hablar cuando había adultos delante, y te regañaban o incluso te castigaban cuando lo hacías. Es probable que cada una de esas experiencias por separado no generasen en ti un gran impacto, pero la repetición continuada de peque-ños actos que despertaban emociones como la angustia, el miedo, la inseguridad, o quién sabe qué otra emoción, podría haberte llevado a generar un bloqueo emocional. Con toda probabilidad, con el paso del tiempo, este blo-queo emocional despertaría en ti esa misma respuesta emocional de miedo o angustia cada vez que tuvieras que enfrentarte a una exposición pública habiendo otras per-sonas delante. Es evidente que esto supondría una limita-ción enorme en tu desarrollo profesional, y también en tu desempeño en otros ámbitos de tu vida.

Una vez memorizado un bloqueo emocional, cada vez que nos encontramos ante situaciones parecidas a las que nos llevaron a generarlo, se produce una sobreestimulación del sistema límbico, que nos lleva a responder en modo au-tomático. Este tipo de respuestas son difíciles de controlar a través de la razón o del pensamiento, ya que inhabilitan parcialmente nuestra capacidad de pensar.

Los bloqueos emocionales están en el origen de mu-chas de las emociones que sentimos, ya que cuando las circunstancias que vivimos resuenan a nivel energético con uno de esos bloqueos emocionales que nos acompa-ñan, dicho bloqueo se activa emocionalmente, sintoni-zando de nuevo con la emoción que esconde.

Cuando activamos un bloqueo emocional, la confi-guración de nuestro cerebro cambia de manera radical, pasando a concentrar su actividad en el hemisferio dere-cho, y reduciendo notablemente la actividad del resto del cerebro, incluidos los lóbulos prefrontales, que es donde reside nuestra mente consciente.

Nuestra capacidad para pensar, razonar, entender lo que sucede, o medir las consecuencias de nuestros actos, se ve drásticamente reducida. Y también tendemos a conectar en mayor medida con los estímulos negativos, a correr menos riesgos, a exagerar nuestras percepciones y a mirar el lado negativo de las cosas.

La activación de un bloqueo emocional lleva asociada la activación de una determinada red neuronal en el cerebro, que permite nuestra conexión a nivel emocional.

Dicho en otras palabras, para que podamos sentir una determinada emoción, debemos tener activada una red neuronal específica en nuestro cerebro.

Por si esto fuera poco, la neurociencia nos ha mostrado cómo el grosor de las conexiones neuronales depende de la frecuencia con la que estas se activan. Cuantas más veces activamos una determinada red neuronal, más la estamos reforzando, y consecuentemente mayor facilidad tenemos para volverla a activar en el futuro.

En consecuencia, cuanto más conectamos emocionalmente con una determinada emoción, mayor fortaleza adquiere su red neuronal y, por lo tanto, mayor facilidad para volverse a activar en el futuro, incrementando incluso su nivel de intensidad.

Todos tenemos bloqueos emocionales que condicionan nuestras respuestas, y nos llevan a conectar con las emociones memorizadas una y otra vez.

Gran parte de los miedos, inseguridades y falta de confianza que muchas personas manifiestan a la hora de hablar en público, o de comunicarse en cualquier otra situación, tienen su origen en sus bloqueos emocionales.

Deshacerte del bloqueo emocional que te frena es un prerrequisito para poder desarrollar todo tu potencial a la hora de comunicarte en cualquier ámbito.

Al tratarse de experiencias que vivimos con un alto grado de intensidad emocional, es probable que tengas claramente identificado algún suceso de tu vida en el que generaste un bloqueo emocional. En estos casos debes saber que la liberación de dicho bloqueo supone eliminar de raíz las memorias emocionales asociadas al recuerdo que tienes del suceso. Esto te permitirá acordarte del mismo, habiendo eliminado el sufrimiento que lo acompañaba.

A continuación, te explicaré cómo liberarte de tus bloqueos emocionales de forma fácil, rápida y efectiva.

La técnica que utilizarás es el RESET EMOCIONAL del método INTEGRA, que diseñé hace unos años para liberar bloqueos emocionales de forma rápida y efectiva, neutralizando sus memorias energéticas latentes en nuestro cuerpo.

Se trata de una técnica muy sencilla, que te lleva a liberar gradualmente las emociones atrapadas que componen el bloqueo, sin la necesidad de identificar de qué emociones se trata, ni tampoco conocer su origen.

Pese a su sencillez, sus efectos son profundos y duraderos.

En caso de no conocer todavía el RESET EMOCIONAL, ve al anexo 3 para aprender a usarlo. Si ya lo conoces, te recomiendo que vuelvas a leer todos los pasos en el anexo 3 antes de continuar.

> Ve al Anexo 3 (página 173) para aprender
> a usar el RESET EMOCIONAL

Ahora que ya sabes liberar bloqueos emocionales, ha llegado el momento de identificar si tienes alguno que te impida comunicarte de forma exitosa en cualquier situación. Para ello, pregunta a tu subconsciente con el test muscular:

*Tengo algún bloqueo emocional que me impida
comunicarme de forma exitosa en cualquier situación.*

En caso afirmativo, pasa directamente al punto 3 del RESET EMOCIONAL que acabas de aprender.

En general, cualquier memoria emocional, ya sea en forma de trauma o de bloqueo, nos impide desarrollar todo el potencial que realmente tenemos, restándonos capacidades y haciéndonos menos inteligentes.

Llegados a este punto, ya te deberías haber liberado de los traumas y bloqueos emocionales que te frenaban para acceder a las capacidades ilimitadas que tienes en el ámbito de la comunicación. A partir de aquí serán tus creencias las que deban alinearse para acceder a tu diamante interior.

2.4. Creencias

Las creencias conforman la tercera memoria básica que nuestro subconsciente utiliza para llevarnos a actuar del modo en el que lo hacemos en cada momento.

Cada situación que vivimos, o de la que somos testigos, es filtrada por nuestro subconsciente a través de nuestras creencias, generando en cada instante las respuestas que encajan con esas creencias.

Si, por ejemplo, tuvieras la creencia de que no vas a ser capaz de hacer una presentación en público, tu subconsciente generará esa realidad en el momento en que detecte que tienes que enfrentarte a esa situación. Te llevará a evadir cualquier invitación al respecto, te pondrás de los nervios e incluso serás incapaz de prepararla adecuadamente los días previos. Incluso puede llevarte a desarrollar una enfermedad para evitar enfrentarte a esa situación.

A tu subconsciente, la creencia de que no vas a poder hacerlo, automáticamente le lleva a actuar intentando evitar por cualquier medio la exposición al riesgo de estar ante esa situación.

Nuestras creencias también están detrás de muchas de las emociones que sentimos.

Cuando nuestro subconsciente encuentra coherencia entre lo que hallamos en nuestro camino y las creencias que tenemos, nos sentimos bien y avanzamos con facilidad hacia nuestros objetivos. En estos casos podemos sentir o no emociones, pero cuando aparecen siempre son emociones que nos agradan, como la satisfacción, la realización, el orgullo, etc.

Cuando ocurre lo contrario, y nuestro subconsciente no encuentra coherencia entre la experiencia que estamos viviendo y nuestras creencias, se dispara un estado de incoherencia en nuestro interior, que desemboca en un buen número de respuestas fisiológicas, y también en la aparición de alguna emoción negativa como el miedo, la inseguridad, la impotencia, etc.

Estas emociones que sentimos, originadas por nuestras creencias, no son más que un aviso de que algo no va bien, y eso nos empuja a actuar para reencontrar la coherencia.

De todos modos, la mayoría de respuestas generadas como consecuencia de nuestras creencias no van acompañadas de respuestas emocionales, como es el caso de casi todos nuestros hábitos.

Algunos ejemplos de hábitos que tenemos en el ámbito de la comunicación y que no acostumbran a ir acompañados de respuestas emocionales son: no mostrar nunca tus sentimientos a los demás; no hablar nunca de emociones; delegar en otros las tareas que suponen exponerte ante una audiencia; caminar por lugares donde es más difícil encontrarte con personas que deberías saludar; evitar contestar al teléfono cuando hay gente delante, etcétera.

Cambiar tus hábitos en cualquier ámbito pasa ineludiblemente por cambiar tus creencias. Es por ello que, a lo largo de este libro, te iré dando instrucciones para que interiorices continuamente las creencias que lleven hasta tu subconsciente los conceptos que te voy a ir mostrando a nivel consciente, y que tienen como objetivo el desarrollar todo tu potencial en el ámbito de la comunicación.

**No olvides que tu personalidad, tu carácter,
tus hábitos…, en definitiva tú mismo,
eres lo que tus creencias determinan.**

Estamos entrando en una era en la que la verdadera incultura radica en no saber programar el subconsciente para vivir la vida que cada uno desea. Es por ello que, elegir conscientemente las creencias que dirigirán tu vida a partir de ahora es de personas inteligentes. ¡Enhorabuena por el paso que estás dando!

Grabar creencias es muy fácil. Todos lo hacemos a diario sin ser conscientes de ello. Son muchas las técnicas que permiten hacerlo con mayor o menor rapidez y facilidad. En este apartado aprenderás a grabar creencias a nivel subconsciente del modo más rápido y eficiente que conozco.

Al igual que hicimos con la liberación de traumas y de bloqueos emocionales, abordaremos la grabación de creencias sin tener que buscar el origen de las actuales. De hecho, sin ni siquiera identificar cuáles son las creencias que están al mando de nuestra vida.

Nuestro abordaje consiste en mirar directamente hacia la construcción de la persona que queremos ser. Para ello nos basta con tener definidas las creencias que deseamos que dirijan nuestra vida a partir de ahora, y proceder a su grabación.

En el momento en que grabamos una determinada creencia, la creencia opuesta, en caso de tenerla, desaparece de forma automática. Es por ello que no es necesario poner nuestra atención en las creencias que previamente tenemos, y mucho menos en el camino por el que llegaron a nosotros.

Ha llegado el momento de aprender a grabar creencias de forma fácil y rápida. Ve al anexo 4 para aprender a hacerlo. Si ya estás familiarizado con las técnicas de grabación de creencias que usamos en Método INTEGRA, léete también el anexo 4, ya que el proceso aquí definido está adaptado para la grabación individual de creencias a medida que avanzas con la lectura del libro.

> Ve al Anexo 4 (página 179) para
> aprender a grabar creencias

Ahora que ya sabes grabar creencias, estás preparado para programar tu futuro. Sé paciente y consciente de que lo que estás a punto de comenzar es realmente un proceso de transformación profunda, que te llevará a tomar las riendas de tu vida en un ámbito tan importante como es la comunicación.

Todos los conceptos que irán apareciendo a partir de ahora, los vamos a ir convirtiendo en creencias que tú deberás ir grabando a medida que aparezcan. Cada vez que encuentres este símbolo 🖊 junto a una creencia, te recordará que debes proceder a grabarla.

Asimismo, al final de cada capítulo encontrarás la relación de creencias que has ido grabando, a fin de que puedas realizar una regrabación de las mismas de vez en cuando.

Es probable que alguna de las creencias que van apareciendo a lo largo del libro ya las tengas integradas a nivel subconsciente. En ese caso, te recomiendo que realices igualmente el ejercicio de grabación para reforzar a nivel neuronal las redes que esas creencias utilizan.

Cuando realices la regrabación de las creencias que aparecen al final de cada capítulo, así como en el caso de creencias que tu subconsciente te indica que ya tienes interiorizadas, basta con que te pases el imán mientras te repites cada creencia mentalmente tres veces. En estos casos no es preciso que realices la activación cerebral previa, ni tampoco la verificación posterior.

Tan solo me queda desearte que disfrutes de la transformación que acabas de comenzar, y de la vida que esa poderosa transformación te va a proporcionar.

Permítete lograrlo

La excelencia pasa por el disfrute.

Los excelentes comunicadores disfrutan comunicando y, por supuesto, no tienen creencias que les impidan fluir en los actos de comunicación que realizan.

Mi objetivo a corto plazo con este libro no es lograr que disfrutes a partir del primer día, pero sí pasa por ponerte en una situación que, con el tiempo, te permita lograrlo.

Eliminar cualquier tipo de sufrimiento y permitirte desarrollar tus capacidades de comunicación son los dos elementos clave que te pondrán en la línea de salida para finalmente poder disfrutar.

En gran medida, el sufrimiento lo habrás eliminado con la liberación de las memorias emocionales que abordamos en el capítulo anterior, aunque quizás no te haya dado tiempo a percibirlo de forma evidente.

En este capítulo vas a trabajar el segundo aspecto, poner los cimientos sobre los que desarrollar tus capacidades para ser un buen comunicador.

DEBES MERECERLO

Las experiencias vividas nos llevan en ocasiones a interiorizar creencias de falta de merecimiento, o de no considerarnos dignos de vivir de un determinado modo. Cuando eso ocurre, nuestro subconsciente hace todo lo necesario para que esas creencias se conviertan en realidad, y encontremos coherencia en nuestra vida. Lo malo es que cuando esa coherencia se produce con creencias autolimitantes, el resultado no nos gusta.

Cuando creemos que no merecemos algo jamás lo logramos.

Son muchos los ámbitos de merecimiento que se pueden ver implicados en la comunicación y, por supuesto, los debemos tener todos en consideración.

Cuando entendemos el funcionamiento de la mente y su dualidad consciente-subconsciente, nos damos cuenta de que nuestra vida está prácticamente dirigida por nuestro subconsciente, y que por mucho que lo deseemos, a no ser que logremos alinear nuestra programación subconsciente con nuestros deseos, jamás tendremos el control real de nuestra propia existencia.

 Merezco tener el control de mi vida.

Pocas personas alcanzan un punto de madurez evolutiva que les permita sentirse cien por cien realizadas y plenas. Lo habitual es desear algún cambio en uno mismo o en la vida que está viviendo.

 Merezco ser el tipo de persona que yo quiero ser.

Las emociones intensas nos restan capacidades a todos los niveles. Nos pueden paralizar e impedir que hagamos algo o, por el contrario, pueden impulsarnos a actuar sin control, sin medir el riesgo o las consecuencias.

Vivir la vida sin tener control consciente de nuestros estados emocionales nos convierte en personas fácilmente manipulables y controlables.

 Merezco tener el control de mis estados emocionales.

Aun no siendo el disfrutar un objetivo perseguido a corto plazo, no merecer hacerlo supondría un bloqueo total para lograrlo en el futuro, y te llevaría directamente a sentirte incómodo durante toda tu vida. Deberíamos fluir viviendo el momento presente, y disfrutar de todo lo que hacemos en la vida.

 Merezco disfrutar de todo lo que hago.

 Merezco disfrutar cuando me comunico conmigo mismo y con los demás.

Una de las limitaciones o frenos que nos encontramos para dar rienda suelta a nuestra capacidad de comunicarnos es el impacto que la posible respuesta de los demás tiene sobre nosotros. Para impactar en los demás, debemos merecer su respeto y atención.

 Merezco ser respetado, escuchado y tratado con cortesía.

Buena parte de las comunicaciones que realizamos, tanto hablando en público como en privado, se realizan a nivel profesional. Tener la capacidad para ser reconocido y valorado por los demás posibilitará que la conexión con ellos se establezca de un modo correcto.

 Merezco tener el reconocimiento de mi trabajo.

En ocasiones nos autocastigamos creyendo que no somos dignos de tener las capacidades que nos permitan llegar a ser grandes comunicadores.

 Soy digno de sentirme con la capacidad de ser un gran comunicador.

El propio acto de la comunicación debe transcurrir de un modo fluido, que permita disfrutar a todas las partes involucradas sin tensión o incomodidad.

 Merezco disfrutar de una comunicación fluida con los demás.

CONFÍA EN TUS CAPACIDADES

El desarrollo de tus capacidades reside en la experiencia y los conocimientos, pero sobretodo en la confianza que tienes en ti mismo para lograr aquello que deseas.

Para hacer algo es necesario creer que es posible y confiar en lograrlo.

Afrontar nuevos retos para ser capaz de desarrollar tus capacidades potenciales requiere valentía y decisión.

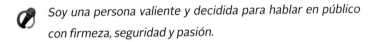 *Soy una persona valiente y decidida para hablar en público con firmeza, seguridad y pasión.*

Cuando todavía no has conocido esa versión de ti mismo en la que haces uso de esas capacidades potenciales, es fácil que caigas en la desconfianza respecto a tu verdadero potencial.

Confío plenamente en mis capacidades para comunicarme de forma exitosa.

Soy capaz de comunicarme en público.

Tengo la capacidad de hablar tranquilo ante cualquier interlocutor.

Me siento preparado para comunicarme de forma exitosa.

Capacidades como la facilidad para mantenerte centrado durante el tiempo que duran tus comunicaciones, el uso de un mensaje claro y directo, o el tener el control emocional necesario para transmitir adecuadamente al público que tienes delante, son imprescindibles para ser un gran comunicador.

Me resulta fácil mantenerme centrado en todo momento.

Mi mensaje es claro y llega de manera directa.

Tengo control emocional cuando comunico.

La creencia de que es muy difícil cambiar, y que además para lograrlo se requiere mucho tiempo y esfuerzo, limita enormemente la propia transformación, porque nuestro subconsciente nos muestra esa realidad en la que creemos. En cambio, cuando creemos que es posible, los cambios se producen con facilidad y rapidez.

Soy capaz de cambiar y controlar mi vida.

Es fácil y rápido transformarse interiormente.

La aceptación y valoración de uno mismo, con sus fortalezas y debilidades, son la base para el desarrollo de una correcta autoestima. Y sin autoestima no hay disfrute, ya que ponemos nuestra valoración personal en manos del juicio que los demás hacen respecto a nosotros.

- *Me acepto y me valoro a pesar de mis debilidades.*

- *Soy valioso a pesar de la falta de respeto de los demás.*

- *Soy una persona interesante a pesar de la posible indiferencia de los demás.*

- *Me siento bien y confío en mí mismo con independencia de lo que piensen o digan los demás de mí.*

Si te permites ser tú mismo y disfrutar cuando comunicas, los demás conectarán fácilmente con tu pasión e intensidad emocional.

- *Soy un excelente comunicador.*

- *Me permito ser yo mismo y disfrutar en todo momento.*

- *Me permito mostrarme tal y como soy.*

QUE EL DESEO Y LA MOTIVACIÓN TE EMPUJEN

En ocasiones es la falta de deseo o motivación lo que nos detiene, impidiéndonos desarrollar la constancia necesaria para alcanzar nuestras metas.

Deseo y motivación nacen de nuestras creencias, y aportan el carburante necesario para nunca dejar de avanzar en la dirección elegida.

El primer motor que nos debería empujar siempre es el mejorar como persona, para de ese modo tener una mayor contribución en la mejora del mundo en el que vivimos.

Estoy decidido a mejorar día a día para convertirme en la mejor versión posible de mí mismo.

Siento gratitud por ser capaz de impactar en los demás a través de lo que transmito.

Convertirte en un excelente comunicador requiere de tu decisión para lograrlo.

Estoy decidido a desarrollar todo mi potencial en el ámbito de la comunicación.

Tengo la firme determinación de comunicarme de forma exitosa en todo momento.

La motivación intrínseca, sin la necesidad de alcanzar resultado alguno, juega un papel importante en el desarrollo de la constancia y determinación para lograr aquello que deseas.

Hablar en público es un aliciente en mi vida.

Me siento motivado para comunicarme de forma exitosa.

Un factor motivacional adicional es el impacto que, a través del desarrollo de tus habilidades comunicativas, puedes lograr.

🎤 *Hablar correctamente en público me permite alcanzar mis metas.*

🎤 *Comunicarme de forma exitosa me permite impactar positivamente en la vida de los demás.*

Sin acción nada lograrás

Por mucho que sepas cómo hacerlo, que lo merezcas, e incluso que lo desees, si no haces nada para lograrlo, jamás lo conseguirás.

Tus creencias determinan tus acciones. Y tus acciones determinan tus resultados.

Para comunicar lo que realmente deseas, manteniendo la conexión con tu audiencia o tus interlocutores, debes mantenerte tranquilo y centrado en todo momento, con independencia de las circunstancias.

🎤 *Me mantengo tranquilo, relajado y centrado en lo que voy a decir en todo momento.*

🎤 *Me siento cómodo y centrado en el mensaje, con independencia de lo que haga mi audiencia.*

🎤 *Me mantengo tranquilo y centrado con independencia del número de personas que me escuchan.*

🎤 *Siempre estoy tranquilo mientras espero antes de cualquier comunicación.*

Busca oportunidades para practicar las capacidades en el ámbito de la comunicación que estás desarrollando con este libro.

🎤 *Identifico con facilidad oportunidades para mejorar mi comunicación.*

🎤 *Aprovecho las oportunidades que se me presentan para mejorar en mi comunicación.*

Ejercer el rol de director en paralelo con el de actor, te permitirá tener el control de la situación en todo momento.

🎤 *Cuando hablo tengo control total de la situación.*

🎤 *Cuando comunico también asumo la perspectiva de observador.*

Mantente conectado con el objetivo que persigues desde antes de iniciar la comunicación, y verás la facilidad con la que los resultados se manifiestan.

Siempre me conecto con mi objetivo antes de iniciar cualquier comunicación.

Uno de los mejores consejos que te puedo dar es que disfrutes de todo lo que hagas en la vida. No dejes pasar la oportunidad de disfrutar ni un solo momento.

Si vas a hablar en público, disfrútalo también, y no por tu audiencia, sino por ti mismo. El beneficio adicional es que, haciéndolo tu audiencia se conectará contigo con facilidad, y también disfrutará.

Disfruto hablando en público.

Disfruto relacionándome con el público.

Me siento bien sin esperar ser reconocido.

Transmito siempre desde el corazón.

Hay personas que se sienten incómodas al ser observadas por otros. Esa sensación de invasión o pérdida de intimidad les impide conectarse con ellos mismos y dejarse fluir.

Me siento bien incluso cuando soy observado.

Cuando hablo en público siempre busco captar la mirada de mi audiencia.

Siéntete pleno y realizado por lo que haces en todo momento. Te ayudará a continuar adelante con alegría e ilusión.

 Me siento pleno con el trabajo realizado.

Conecta con la energía de la audiencia y sincronízala con la tuya. De este modo generarás una amplificación energética que te reforzará en tu seguridad y confianza.

 La energía de la audiencia siempre me genera un impacto positivo.

Por último, sé flexible para adaptarte y fluir con las circunstancias que se presenten en tu camino.

 Soy flexible conmigo mismo y con las circunstancias.

★ ★ ★

CREENCIAS «PERMÍTETE LOGRARLO»

Te recomiendo que regrabes las creencias incluidas en este capítulo al menos una vez por semana durante las próximas cuatro semanas.

Para regrabarlas basta que te repitas mentalmente cada creencia tres veces mientras te pasas el imán desde el entrecejo hasta la nuca, sin tener siquiera que verificar con el test muscular.

Recuerda que el objetivo de la regrabación es reforzar las redes neuronales asociadas a las creencias, lo que producirá que esa creencia se active en tu día a día con mayor facilidad y rapidez.

1. *Merezco tener el control de mi vida.*
2. *Merezco ser el tipo de persona que yo quiero ser.*
3. *Merezco tener el control de mis estados emocionales.*
4. *Merezco disfrutar de todo lo que hago.*
5. *Merezco disfrutar cuando me comunico conmigo mismo y con los demás.*
6. *Merezco ser respetado, escuchado y tratado con cortesía.*
7. *Merezco tener el reconocimiento de mi trabajo.*
8. *Soy digno de sentirme con la capacidad de ser un gran comunicador.*
9. *Merezco disfrutar de una comunicación fluida con los demás.*
10. *Soy una persona valiente y decidida para hablar en público con firmeza, seguridad y pasión.*
11. *Confío plenamente en mis capacidades para comunicarme de forma exitosa.*
12. *Soy capaz de comunicarme en público.*
13. *Tengo la capacidad de hablar tranquilo ante cualquier interlocutor.*
14. *Me siento preparado para comunicarme de forma exitosa.*
15. *Me resulta fácil mantenerme centrado en todo momento.*
16. *Mi mensaje es claro y llega de manera directa.*
17. *Tengo control emocional cuando comunico.*
18. *Soy capaz de cambiar y controlar mi vida.*
19. *Es fácil y rápido transformarse interiormente.*
20. *Me acepto y me valoro a pesar de mis debilidades.*

21. *Soy valioso a pesar de la falta de respeto de los demás.*

22. *Soy una persona interesante a pesar de la posible indiferencia de los demás.*

23. *Me siento bien y confío en mí mismo con independencia de lo que piensen o digan los demás de mí.*

24. *Soy un excelente comunicador.*

25. *Me permito ser yo mismo y disfrutar en todo momento.*

26. *Me permito mostrarme tal y como soy.*

27. *Estoy decidido a mejorar día a día para convertirme en la mejor versión posible de mí mismo.*

28. *Siento gratitud por ser capaz de impactar en los demás a través de lo que transmito.*

29. *Estoy decidido a desarrollar todo mi potencial en el ámbito de la comunicación.*

30. *Tengo la firme determinación de comunicarme de forma exitosa en todo momento.*

31. *Hablar en público es un aliciente en mi vida.*

32. *Me siento motivado para comunicarme de forma exitosa.*

33. *Hablar correctamente en público me permite alcanzar mis metas.*

34. *Comunicarme de forma exitosa me permite impactar positivamente en la vida de los demás.*

35. *Me mantengo tranquilo, relajado y centrado en lo que voy a decir en todo momento.*

36. *Me siento cómodo y centrado en el mensaje, con independencia de lo que haga mi audiencia.*

37. *Me mantengo tranquilo y centrado con independencia del número de personas que me escuchan.*

38. *Siempre estoy tranquilo mientras espero antes de cualquier comunicación.*

39. *Identifico con facilidad oportunidades para practicar mi comunicación.*

40. *Aprovecho las oportunidades que se me presentan para mejorar en mi comunicación.*

41. *Cuando hablo tengo control total de la situación.*

42. *Cuando comunico también asumo la perspectiva de observador.*

43. *Siempre me conecto con mi objetivo antes de iniciar cualquier comunicación.*

44. *Disfruto hablando en público.*

45. *Disfruto relacionándome con el público.*

46. *Me siento bien sin esperar ser reconocido.*

47. *Transmito siempre desde el corazón.*

48. *Me siento bien incluso cuando soy observado.*

49. *Cuando hablo en público siempre busco captar la mirada de mi audiencia.*

50. *Me siento pleno con el trabajo realizado.*

51. *La energía de la audiencia siempre me genera un impacto positivo.*

52. *Soy flexible conmigo mismo y con las circunstancias.*

La comunicación no se compone únicamente de lo que decimos en el momento que hablamos. Hay muchos otros mensajes que transmitimos, de los que no acostumbramos a ser conscientes, y que el subconsciente de nuestros interlocutores sí que percibe.

Nuestro subconsciente es el responsable directo del modo en el que nos comunicamos. Toda la comunicación no verbal es obra suya, y a través de ella lanzamos mensajes contradictorios para nuestro interlocutor, que inicialmente llegan a su subconsciente, pero que con facilidad pueden llegarse a hacer incluso conscientes.

Los próximos dos capítulos te llevarán a conocer, y a interiorizar, lo que debes hacer, y lo que nunca debes hacer, si quieres que tu comunicación sea directa, fluida y sin interferencias.

Preparación previa

Cuando sabemos hacia dónde vamos y la ruta a seguir,
podemos avanzar con decisión y seguridad.

Preparar adecuadamente cualquier comunicación que vamos a realizar nos lleva a tener mayor confianza y seguridad, y al mismo tiempo nos permite articular el contenido del mensaje y diseñar la mejor forma de transmitirlo, en función del público y del objetivo perseguido.

En la preparación previa está el cincuenta por ciento del éxito de la comunicación.

Ya sea por desconocimiento o por dejadez, la falta de preparación previa es uno de los principales errores que cometen aquellos que no han desarrollado sus habilidades comunicativas. También lo es de muchos que, por tener una habilidad natural para hacerlo, caen en un exceso de confianza que les lleva a pensar que su don natural es suficiente para generar el impacto que desean.

Me gustaría que pensaras por un instante en Messi o en Cristiano Ronaldo. Es evidente que ambos tienen un don natural para jugar al fútbol, pero también es obvio que no habrían llegado a lo más alto si no hubieran dedicado horas y horas a entrenar y a preparar cada partido. Jugadores con la calidad de ellos dos es muy probable que haya habido, e incluso haya en estos momentos muchos otros, pero es su mentalidad, y a través de ella su preparación, lo que les ha llevado a mantenerse durante tanto tiempo en la cima.

Siguiendo con el ejemplo del fútbol, pongamos ahora nuestra atención en el papel del entrenador. Según las estadísticas de los últimos años, en un equipo de fútbol europeo hay una media de veintitrés jugadores. Tan solo pueden jugar once a la vez, y se pueden realizar tres cambios por partido. Dejando de lado que algún jugador podría estar lesionado, ¿para qué son necesarios tantos jugadores?

Los buenos entrenadores conocen a la perfección a sus jugadores y su potencial, pero también analizan al detalle a cada uno de sus rivales. A partir de ahí diseñan la mejor estrategia para atacar los puntos débiles y neutralizar sus puntos fuertes. Para los entrenadores, cada partido es diferente, de ahí que los jugadores que utilizan y el modo en el que los utilizan vayan cambiando.

Lo mismo debemos hacer cuando nos enfrentamos a cualquier comunicación. Debemos conocernos a nosotros mismos y nuestras capacidades, habilidades, conocimientos, etc., debemos conocer a nuestro interlocutor o nuestra audiencia, sus intereses, expectativas y necesidades, y en función de eso debemos establecer la mejor estrategia para generar el impacto que deseamos alcanzar.

Una conferencia multitudinaria, una reunión en la que debes presentar un proyecto, una entrevista de trabajo, una venta ante un potencial cliente, una reunión con la maestra de tus hijos, una cita con la persona que te gusta, una reunión familiar, o una charla con uno de tus hijos al que debes reprender por algo que ha hecho, son ejemplos de distintos momentos de comunicación que deberíamos preparar antes de enfrentarnos a ellos.

Los papeles del guionista y del director se entrelazan a través de los puntos que iremos repasando en este capítulo, y que nunca deberías perder de vista antes de enfrentarte a cualquier comunicación, del tipo que sea.

La comunicación realmente efectiva no se queda en el plano consciente o racional, sino que alcanza al subconsciente de tu audiencia.

Cuando transmitimos desde lo racional, nuestros interlocutores procesan el mensaje a través también de la mente consciente y racional. Pero como ya sabes, nuestras decisiones y reacciones provienen de nuestro subconsciente, por lo que, si realmente queremos generar una respuesta acorde con nuestras expectativas, debemos provocar esa respuesta en el subconsciente de quien nos escucha.

Generar impacto en el subconsciente de tu audiencia requiere conocer los

múltiples caminos para impactar en él, y
lo más importante, alinear toda nuestra
comunicación para que el mensaje
le llegue envuelto en coherencia.

CONECTA CON EL PARA QUÉ

Lo primero que debes hacer siempre que vayas a realizar una comunicación, del tipo que sea, es plantearte qué buscas conseguir. Para ello debes reflexionar sobre tu objetivo o la misión que te mueve a realizar ese acto de comunicación.

Conectar con tu para qué, especialmente cuando lo haces con tu misión, te permite mantenerte conectado contigo mismo cuando transmites, lo que facilita el vínculo con tus interlocutores.

Recuerda siempre que la razón se entiende desde la razón, y que el corazón únicamente se entiende a través de las frecuencias del corazón.

Llegar al corazón de tu audiencia pasa por estar conectado con tu propio corazón.

Deberás reflexionar sobre lo que deseas conseguir de tu audiencia, lo que quieres que recuerden cuando tú te vayas, o lo que quieres que hagan durante o después de estar contigo. De no hacerlo, el impacto generado puede ser nulo, o incluso negativo para tus intereses.

Ten siempre en mente que quien no tiene claro sus fines, por bien que se exprese, jamás alcanzará sus objetivos.

Una comunicación sin objetivo es como una bandada de pájaros sin rumbo. Desde la distancia puede verse preciosa, pero nunca se sabe a dónde llegará y dónde se posará.

Me permito conectar conmigo mismo para identificar con facilidad los objetivos de cada comunicación que busco realizar.

Lo primero que hago cuando preparo una comunicación es definir mi objetivo.

Una situación típica, por la que seguro has pasado, es el tenerte que presentar ante un grupo de personas desconocidas. Muchos se toman esa presentación como un mal trago, y sin hacerlo conscientemente intentan desaparecer cuando les toca presentarse. Y eso es justo lo que sucede en la mente de los presentes cuando lo hacen, desaparecen, y difícilmente se les recuerda.

Esas típicas presentaciones, cien por cien desde la razón, en las que dices tu nombre, el lugar del que procedes, tu profesión y de inmediato pasas la palabra al siguiente, dificulta la generación de conexión con los presentes. Muy probablemente, tan solo aquellos que tengan el mismo nombre, procedan del mismo lugar, o tengan la misma profesión que tú, te recordarán.

Si te limitas a comunicar datos (nombre, lugar y profesión), solo conectarás a nivel racional consciente. En cambio, si conectas previamente contigo mismo, con tu misión, tu visión, o lo que te hace vibrar, transmitirás desde lo más profundo de ti mismo, desde tu corazón.

Debes plantearte la presentación inicial ante un grupo de desconocidos como un regalo maravilloso que te están haciendo. A través de esa presentación vas a grabar creencias en tu audiencia al respecto de cómo eres, si eres o no interesante, si merece la pena profundizar en ti, si tienes algo en común con ellos, si les gustas o no, etc.

Las creencias recién instaladas en tu audiencia durante la presentación son muy poderosas, y pasan a condicionar enormemente tu relación con las personas del grupo. Es por ello que antes de presentarte debes identificar qué quieres lograr a través de tu presentación, si quieres que te recuerden o no, qué quieres que recuerden de ti, con qué cualidades quieres que te asocien, etc.

Un ejercicio que suelo realizar en los cursos es pedirle a uno de mis colaboradores que anote la característica que más le ha llamado la atención de cada participante en el momento de presentarse ante el grupo. A continuación, muestro a los participantes todas las características identificadas por mi colaborador y les pido que encuentren cuál es la suya. Es decir, que identifiquen con qué idea se ha quedado mi colaborador respecto a ellos. Sorprendentemente, con independencia del número de personas que componga el grupo, un porcentaje altísimo de participantes no logra reconocerse en los primeros tres intentos.

La imagen que transmitimos cuando no tenemos marcado un objetivo es la que nuestro subconsciente transmite de acuerdo con la programación que tenemos. Por ello con frecuencia no somos conscientes del impacto que generamos en los demás.

En cambio, cuando nos marcamos un objetivo claro y hacemos nuestra presentación pensada para lograrlo, la percepción que los demás tengan de nosotros no se alejará demasiado de lo que nosotros buscamos.

Recuerda que eres tú quien tiene el poder en ese instante para grabar creencias en tu audiencia respecto a ti. ¡No lo desaproveches nunca!

 Siempre veo las presentaciones como regalos maravillosos para generar impacto en los demás.

EL MENSAJE A TRANSMITIR

Una vez definido el objetivo, debes plantearte el mensaje que vas a transmitir en tu presentación.[*]

El mensaje debe estar compuesto por información que tu audiencia necesite, le sea útil o todavía no sepa.

Las personas queremos oír cosas nuevas, que merezca la pena escuchar. Piensa: «¿Qué puedo contar en mi discurso que mi audiencia necesite y todavía no sepa?». Si no hay nada novedoso, por lo menos cambia el modo en el que lo transmites. No les digas lo que ya saben del mismo modo en el que lo saben.

---

[*] El término presentación en este punto abarca cualquier forma de comunicación oral o escrita diseñada para modificar el punto de vista de alguien.

Cuando alguien te regala su tiempo, debes llenarlo de tal modo que se vaya con la sensación de que ha merecido la pena.

 Siempre busco transmitir información útil generando interés.

La capacidad de retención a nivel consciente es muy limitada. Difícilmente las personas recuerdan más de tres conceptos o puntos clave de una presentación. Es por ello que cuando pienses en el mensaje debes diseñarlo pensando en no incluir demasiados conceptos.

 Siempre preparo con antelación todas mis comunicaciones para generar el máximo impacto en mis interlocutores.

 Siento que el mensaje que tengo que transmitir es de gran ayuda para los demás.

 Confío en que lo que tengo que decir es interesante e importante para los demás.

 Identifico con facilidad los conceptos e ideas óptimos para lograr el objetivo.

CONOCE A TU AUDIENCIA

Conocer de antemano la persona o personas que tendrás delante en el momento de tu presentación te permite adaptar tu mensaje, tanto en el fondo como en la forma.

Saber cuántas personas asistirán, su rango de edad, su sexo, nacionalidad, nivel de estudios, titulaciones profesionales, el motivo que los reúne, su nivel de responsabilidad, los problemas que les afectan, cómo visten, etc. te ayudará a enfocarte mucho mejor para generar un gran impacto.

No es lo mismo tener delante un grupo de veinte personas, que uno de doscientas. No es lo mismo tenerle que hablar a un grupo de adolescentes que a uno de adultos jóvenes, o a uno de ancianos. No es lo mismo hablar ante un grupo compuesto exclusivamente por mujeres que ante uno de hombres, o mixto. No es lo mismo estar delante de un grupo de profesionales del mismo ámbito, que ante un grupo diverso. No es lo mismo hablar ante personas casadas, que ante solteros...

La audiencia no es una parte pasiva de la comunicación, sino activa, con sus propios intereses y motivaciones, que el comunicador debe conocer si realmente desea generar impacto.

Incluso partiendo de un mismo objetivo, las características del grupo determinarán en gran medida el mensaje y especialmente el modo en el que lo transmitiremos.

El entorno en el que llevarás a cabo la comunicación también es importante y debes conocerlo. ¿Hay ponentes antes que tú? Si es que sí, ¿quiénes son? Y lo mismo si hay alguno después de tu intervención. Si hay alguien encargado de presentarte deberás asegurarte de que lo haga del modo que tú quieres.

Hablando hace unos días con un amigo me comentó una anécdota de lo más interesante. Mi amigo, que es director de negocio en una multinacional del sector sanitario, visita habitualmente clientes por todo el mundo.

En una de esas visitas fue acompañado por el que iba a ser responsable directo del cliente. Al llegar a sus oficinas les hicieron pasar a una sala de espera. Desde que llegaron, su colaborador no dejó de mirar el teléfono móvil. Ante esa situación, mi amigo le explicó a su colaborador el valor que para él tenía el tiempo de espera con los clientes. Cada minuto de espera le permitía identificar información útil para la posterior comunicación con su interlocutor. La tecnología utilizada por la recepcionista, el volumen de clientes que entraba por la puerta o se encontraban esperando, si en las paredes había o no títulos de los profesionales que allí trabajaban, las respuestas del personal en sus llamadas telefónicas, los servicios que ofrecían, la tecnología que mostraban en sus anuncios, etc., era información tremendamente útil para su conversación posterior con el cliente.

Una espera de diez o quince minutos cuando vamos a visitar a alguien que no conocemos todavía, puede ser considerado un fantástico regalo, y curiosamente la mayoría de comerciales desperdician esos tiempos de espera mirando el teléfono móvil.

 Conocer a mi audiencia me permite ajustar mi mensaje y la forma de transmitirlo para generar el mayor impacto posible.

Siempre busco tener conocimiento previo de mi audiencia para preparar adecuadamente mis comunicaciones.

REDACTA UNA MICRODECLARACIÓN

Antes de comenzar a pensar en el contenido y la forma que le darás a tu discurso, redacta una microdeclaración. Se trata del diamante en bruto que encierra tu presentación, lo que quieres que el público recuerde sobre todo lo demás.

Si tan solo dispusieras de diez segundos para transmitir tu mensaje, ¿qué dirías?

La microdeclaración es para ti, no para tu audiencia. Es algo que te servirá para no perder de vista el horizonte por el que tu presentación debe transcurrir.

A la hora de redactarla recuerda los siguientes conceptos:

- Debe ser creada a medida para tu público.
- Debe transmitir las ideas clave.
- Debe hacer pensar.
- Que quepa en una sola frase.
- Debe ser útil.

Un ejemplo de microdeclaración para este libro, y pensando que el público objetivo eres tú como lector, podría ser la siguiente:

Comunica con éxito no solo te muestra lo que debes hacer para hablar en público, sino que te lleva de la mano para que alcances ese estado interior desde el cual podrás hacerlo con total confianza y seguridad en ti mismo, y para ello utilizaremos herramientas del método INTEGRA.

Esta microdeclaración incluye distintos conceptos:

- Se trata de un libro que te va a mostrar lo que debes hacer para hablar en público.
- Te va a guiar en un proceso de transformación interior.
- El objetivo es que puedas hablar en público con total confianza y seguridad en ti mismo
- Usaremos herramientas del método INTEGRA para lograrlo.

 Me resulta fácil organizar y redactar mis ideas.

IDENTIFICA LOS ELEMENTOS CLAVE

Cualquier acto de comunicación que lleves a cabo está condicionado por dos variables, el tiempo del que dispones, y el objetivo perseguido. Estas dos variables debes tenerlas presentes al identificar los elementos y conceptos que finalmente serán incluidos en tu presentación.

Para hacer la identificación de los elementos clave, te recomiendo que des rienda suelta a tu imaginación y vayas escribiendo en un papel todas las ideas que te vengan, y que por supuesto estén relacionadas con la microdeclaración que anteriormente has redactado.

Entre los elementos que irán apareciendo puede darse la explicación de conceptos, sucesos, estadísticas, anécdotas, experiencias de clientes, testimonios, chistes, etc. Toda idea que aparezca en este momento es bienvenida.

Una vez que tienes todos los elementos sobre el papel, en función del tiempo del que dispones y del objetivo perseguido elegirás solo aquellos que realmente sean clave para alcanzarlo.

Por supuesto, si hubiera algún elemento que tu audiencia es preciso que sepa, deberás incluirlo en la lista.

Identifico con facilidad los temas clave a incluir en mis presentaciones.

Siempre filtro los temas que debo incluir en mis presentaciones según el tiempo del que dispongo y el objetivo que persigo.

GENERA CREDIBILIDAD

Cuando tienes delante una audiencia que te conoce, que sabe de tu experiencia o tus logros en determinado campo, lo normal es que hayan venido a verte porque ya tienes la credibilidad suficiente para merecer su atención. En cambio,

**cuando la audiencia no te
conoce es importante generar
credibilidad lo antes posible.**

En el caso de conferencias, el modo más utilizado, en general, para generar credibilidad es el del presentador que te da paso poniendo la atención del público en tus logros, títulos, experiencia, o aquello que pueda captar con mayor interés la atención de los presentes.

Debes conseguir que el presentador, más que leer un currículum aburrido, sepa trasladar a tu audiencia la importancia que puede tener para ellos tu discurso, así como alguna anécdota que refuerce tu lado humano y tu compromiso con el mensaje que transmites. Se trata de aprovechar ese momento, no tan solo para generar credibilidad, sino para centrar la atención y acrecentar el interés de la audiencia en tu intervención.

Si apareces con ponentes de elevado prestigio y reconocimiento, se produce una transferencia automática de la reputación de estos sobre ti. El hecho de aparecer en el cartel de un congreso con referentes mundiales en determinado ámbito hace que tu prestigio y el interés de tu audiencia se eleve de forma inmediata.

Con independencia de la existencia o no de estos elementos externos, y de que te encuentres ante un auditorio o una única persona, tú también puedes generar credibilidad una vez que comienzas a hablar, utilizando estrategias como las tres siguientes, que personalmente son las que más me gustan:

Citar fuentes creíbles. Cuando hacemos referencia a personajes públicos de reconocido prestigio en el tema del que hablamos o citamos datos proporcionados por ellos, tanto nosotros como nuestro mensaje adquirimos mayor credibilidad.

Mantener la coherencia en todo momento. Mostrar coherencia antes, durante y después de tu conferencia genera conexión y confianza. Todo tu mensaje, tanto el que transmites con lo que dices y con el modo en el que lo dices como el que muestras a través de tus actos, debe llevar al subconsciente de tu interlocutor exactamente la misma información.

Basarte en sucesos personales. Las historias personales y las anécdotas te hacen humano, son muy fáciles de recordar y generan conexión inmediata con tu audiencia. Además, elevan tu credibilidad, ya que te convierten en la persona más legitimada para contarlas. Si eres capaz de transmitir los conceptos a través de historias personales, tu credibilidad se dispara, generas conexión y el impacto con tu público será mucho mayor.

 *Pongo atención en generar credibilidad en mi audiencia.*

Ser coherente en todo momento me permite ser mejor comunicador y mejor persona.

ESTRUCTURA EL MENSAJE

Darle estructura al mensaje es importante por varias razones:

- Te permite recordarlo con mayor facilidad, y sentirte seguro al transmitirlo.

- Te permite comunicarlo de un modo fluido, sabiendo en todo momento dónde estás.
- Permite a tu audiencia seguir tu argumentación, recordarla y comunicarla a otros de un modo fácil.

La estructura debe ser simple para que, tanto tú como tu audiencia, os sintáis cómodos con ella y la recordéis con facilidad.

Comunicar con éxito pasa por generar en tu audiencia la respuesta que tú deseas, y en ese sentido los mensajes estructurados son altamente eficientes para lograrlo. En cambio, la retórica y el hablar sin estructura llevan a las personas a perderse, dificultando el recordar los mensajes recibidos.

La estructura básica de todo discurso debe basarse en un inicio que enganche, un desarrollo que convenza, y un final que conmueva e impulse a la acción. Hablaremos posteriormente en mayor profundidad del inicio y el final.

Preparo adecuadamente todo lo que tengo que decir con antelación para generar el mayor impacto posible.

Tengo facilidad para estructurar cualquier mensaje que desee transmitir.

Siempre doy estructura al mensaje previamente.

ESCRIBE LA PRESENTACIÓN

Si es la primera, segunda o tercera vez que vas a comunicar algo, escribe tu presentación.

Escribir las frases tal cual te gustaría decirlas te permitirá estructurar y darle forma al mensaje, así como hacerlo fluir.

Escribir la presentación, ya sea a mano o con el apoyo de un ordenador, te permitirá encontrar el modo más simple de comunicar tu mensaje, de estructurarlo y de darle forma. Y es que, la complejidad mata la comunicación.

Hacer que el mensaje fluya es mucho más fácil en la tranquilidad de tu despacho, que ante el público.

El objetivo de escribir la presentación empieza y acaba en la propia preparación, ya que te ayuda a generar las redes neuronales necesarias para transmitir con facilidad tus ideas.

Ahora bien, no debes caer nunca en el error de tener delante el discurso escrito cuando estás ante tu audiencia. Si lo haces tendrás la tentación de seguir al pie de la letra lo que has escrito, y eso genera de manera automática una desconexión de tu audiencia. En el momento que detectan que estás leyendo, su pensamiento deja de estar en el mensaje, y se centra en lo que está sucediendo.

Lo que escribas se queda única y exclusivamente en el papel. A buen seguro que cuando realices tu discurso lo dirás diferente, habrá cosas que se te olvidarán, y en cambio incluirás cosas que no habías escrito durante la preparación. Y está bien que así sea.

Lo verdaderamente importante de escribir tu discurso es que tengas tu cerebro preparado para transmitir tus ideas. Una vez que comiences a decirlo, tan solo debes dejarte fluir.

🎙 *Sé transmitir mis ideas con claridad y convicción.*

🎙 *Estoy totalmente decidido a ser un gran comunicador.*

🎙 *Fluyo redactando mis discursos.*

AGUIJONAZO INICIAL

El modo con el que comienzas tu presentación condiciona a los presentes para prestarte más o menos atención.

Un inicio que genera interés o expectación hace que los presentes deseen mantener la atención, mientras que un inicio poco interesante automáticamente lleva a buena parte de tu audiencia a olvidarse de ti durante unos minutos, o incluso durante toda tu intervención.

Debes saber que cuanta más gente tienes delante, menos son las personas que realmente han venido a escucharte.

Es muy fácil de entender, ya que probablemente también a ti te haya sucedido. Cuando alguien va a presenciar algún acto público, como una conferencia o un congreso, acostumbra a comentarlo con amigos y familiares. Y es frecuente que alguno de estos se apunte como acompañante, sin conocer siquiera al ponente o saber del tema. Esto lleva a que cuantas más personas acuden a un acto, mayor es el porcentaje de «acompañantes» que llegan sin expectativas.

Todas estas personas que llegan sin saber nada de ti, y a quienes incluso puede no interesarles demasiado el tema del que vas a hablar, al inicio te regalan su atención. Por supuesto, el resto de personas, que sí venían a verte, también están receptivas al iniciarse tu presentación.

Tus primeras frases deben sacar a los asistentes de su zona de confort. Deben generarles interés y ganas de más. Esas primeras frases que componen el aguijonazo inicial debes crearlas con toda la intención para hacer mella en la conciencia del público que tienes delante.

Como te decía, cuanto más público, menor es el porcentaje de los que te conocen o han venido a escucharte, por lo que mayor es la necesidad de utilizar un aguijonazo inicial muy incisivo. En cambio, cuando el grupo es reducido el inicio puede ser mucho más suave.

Hace unos años fui invitado por Retos Femeninos a participar en un evento en el que compartía cartel con otros conferenciantes. El lugar donde se celebraba era el Auditorio Nacional de Ciudad de México, con un aforo de diez mil personas.

Mi intervención era a media tarde y duraba cuarenta y cinco minutos. Poco antes de salir a escena, como consecuencia de que un grupo de animación se alargó mucho más del tiempo que tenía asignado, me informaron de que tanto a mí como al resto de invitados de la tarde nos habían recortado cinco minutos, por lo que mi conferencia pasaba a durar cuarenta.

Tenía previsto iniciar con una entrada que me llevaría mínimo dos o tres minutos, por lo que decidí cambiar de planes y hacer otra entrada más rápida, pero también muy incisiva.

Lo primero que hice al salir al escenario fue solicitar que encendieran todas las luces, a continuación, me saqué el teléfono móvil del bolsillo, pedí al público que sonriese, me hice una *selfie*, y simplemente dije: «Bienvenidos al mundo del subconsciente». Tras esto me callé durante varios segundos.

Mientras me hacía la *selfie* el ruido de risas y comentarios era total en el auditorio, pero en el instante en el que solté la frase, el silencio fue absoluto. Todo el mundo se calló esperando que continuara hablando. Toda su atención estaba puesta en mí.

Del total de la audiencia que había en el Auditorio en aquel momento, quizás cuatrocientas o quinientas personas, tirando largo, ya me conocían. No tengo ninguna duda de que buena parte del éxito de esa conferencia estuvo en el aguijonazo inicial, que permitió captar la atención y el interés de todos los presentes.

Personalmente, salvo en el caso de conferencias multitudinarias no utilizo aperturas muy incisivas, pero siempre pienso *a priori* cómo hacer una entrada que genere interés en la audiencia que tengo delante.

Veamos algunos ejemplos de entradas que pueden generan un cierto interés, aun sin ser extremadamente incisivas.

Público: participantes en un congreso sobre desarrollo personal.
Conferenciante: yo mismo.

Nuestra vida está controlada por nuestra mente subconsciente, o sabemos programarla correctamente o siempre seremos víctimas de la programación que tenemos, y seguiremos tropezando con las mismas piedras.

Público: cualquiera.
Conferenciante: cualquiera.

Cuando preparaba esta conferencia me planteé qué podía hacer hoy para que esta fuera la mejor conferencia que hubiera impartido en mi vida, y la respuesta fue: darles la oportunidad de experimentar en primera persona lo que les voy a explicar.

Público: potenciales patrocinadores de obras benéficas.
Conferenciante: responsable de una fundación.

El 80% de los recursos del planeta los consume el 20% de la población mundial. En realidad hay abundancia. El verdadero problema está en la injusta distribución, y de nuestra propuesta para solucionar eso os voy a hablar aquí hoy.

Aunque podemos utilizar aguijonazos genéricos, como es el caso de uno de los ejemplos anteriores, piensa siempre en diseñar a medida tus inicios incisivos teniendo en cuenta los intereses del público que tienes delante. Tus aguijonazos deben llevar a la audiencia a desear saber más, deben generar interés por lo que sigue.

Y ahora lo que no debes hacer en ese momento…

No inicies tu discurso dando las gracias a los organizadores o a la audiencia. Eso lo hace todo el mundo, y genera desinterés en los presentes.

No inicies tu discurso poniendo excusas o pidiendo disculpas. Este tipo de acciones son típicas cuando no se ha tenido demasiado tiempo para preparar la presentación, cuando uno no se siente seguro hablando en público, cuando siente que el nivel de la presentación debería ser más elevado, etc. Como es evidente, tu credibilidad cae por los suelos en el momento que lo haces, y buena parte de la audiencia desconecta en ese instante.

No empieces formulando una pregunta reflexiva, que lleve a la gente hacia dentro. La atención y la energía del público deben estar centradas en ti en ese momento. Si desvías su atención para que reflexionen sobre su vida, sobre el mundo, sus valores, etc., te verás obligado a utilizar algún recurso que te permita volverla a captar, y eso puede resultar complicado. Si lo haces, muchos se quedarán conectados con ellos mismos reflexionando.

El aguijonazo inicial puede ser divertido o totalmente serio, pero lo importante es sacudir a la audiencia y captar su atención.

Soy capaz de capturar la atención del público cuando lo desee.

Tengo las palabras exactas para capturar la atención del público.

Sé lo que tengo que hacer para capturar la atención del público.

Tras el aguijonazo inicial viene el desarrollo de la conferencia, donde deberemos cumplir con la expectativa generada, demostrando lo que hemos dicho al inicio.

Aguijonazo final

Las últimas frases del discurso tienen también una importancia crucial, ya que son las más susceptibles de ser recordadas. Siendo así, debes asegurarte de que sean dignas de serlo.

Un gran final, puede incluso salvar un discurso mediocre y quedarse en la mente de los asistentes por mucho tiempo. En cambio, un gran discurso con un final mediocre dejará a los asistentes con un sabor de boca agridulce.

El cierre debe estar pensado para impactar en el subconsciente de quien nos escucha, que es el lugar donde realmente tomamos las decisiones y se generan nuestras reacciones.

En el mundo de las ventas, el final es el momento clave en el que se debe cerrar la operación. Para lograrlo, los buenos vendedores van llevando suavemente al cliente durante la conversación a generar la necesidad de aquello que están vendiendo, y al final a actuar de forma impulsiva, o lo que es lo mismo, de forma inconsciente.

Al contrario que en el aguijonazo inicial, el final debe llevar a la audiencia hacia dentro, a conectar con ellos mismos, con su vida, con su lado emocional e instintivo.

Los aguijonazos finales más incisivos son aquellos que incluyen un aspecto emotivo y que incitan a la acción, hacia aquello que queremos que el público haga como respuesta a nuestra charla.

Un final fantástico nos llevaría a conectar con los conceptos más importantes por medio de una anécdota, a través de la cual conectar con la parte emocional, invitándonos al final a la acción.

Un ejemplo de final de una conferencia que me parece especialmente brillante es el que hizo el director de orquesta Benjamin Zander en una conferencia TED* en el año 2008. Llegando al final de su conferencia dijo:

> Y ahora tengo una última reflexión, y es que: lo que decimos realmente marca una diferencia. Lo aprendí de una

---

* TED: Tecnología, Entretenimiento, Diseño (en inglés: Technology, Entertainment, Design) es un evento anual en el que algunos de los pensadores y emprendedores más destacados del momento están invitados a compartir lo que más les apasiona. Iniciativas personales que intentan, de un modo u otro, hacer del mundo un lugar mejor. Además de las tres áreas mencionadas, el evento incluye muchas más temáticas, mostrando las «ideas que merece la pena difundir» de cualquier disciplina.

mujer que sobrevivió al campo de Auschwitz, una de las pocas supervivientes.

Fue a Auschwitz cuando tenía quince años, y... su hermano tenía ocho..., y sus padres estaban desaparecidos. Y me contó esto. Ella me contó: *Íbamos en el tren rumbo a Auschwitz y miré hacia abajo y vi que a mi hermano le faltaban los zapatos. Y le dije «¿Eres tan tonto que ni siquiera puedes conservar tus cosas, por el amor de Dios?».* (El modo como cualquier hermana mayor puede hablarle a un hermano menor).

Por desgracia, fue lo último que le dijo porque ella no volvió a verlo nunca... Él no sobrevivió. Y cuando salió de Auschwitz, hizo una promesa. Me dijo: *Salí de Auschwitz a la vida e hice una promesa: nunca diré nada que no pueda quedar como lo último que dije.*

¿Es posible hacer esto? No. No. Y nos equivocaremos y los demás se equivocarán, pero es una posibilidad a adoptar en la vida.

Un final así, narrado con ritmo pausado, y especialmente si va acompañado con música de piano de fondo, tal como sucedió en este caso, genera un impacto enorme e incita a reflexionar sobre nuestra vida y nuestra forma de actuar, objetivo que sin duda perseguía en este caso Benjamin Zander.

Y ahora lo que no debes hacer en ese momento final...

No cierres en seco al final de una frase que no está pensada para ser la última. El final debes haberlo diseñado adecuadamente durante la preparación de tu charla.

No te disculpes por algo que no has incluido, o no te ha dado tiempo a comentar. Por muy importante que lo

consideres, recuerda siempre que quien decide el contenido de tu discurso eres tú, así que tu público estará con-
tento con lo que le has dado, si lo has hecho bien.

No termines formulando una pregunta abierta. Si
hay pregunta, debe ser reflexiva, para llevar a la gente hacia dentro de sí mismos y de sus vidas.

No concluyas haciendo un resumen enciclopédico
de todo lo que ya habías dicho. La gente se aburrirá y desconectará.

No concluyas con el turno de preguntas del público.
Si decides que haya preguntas del público, una vez que fi-
nalicen las preguntas será el momento de realizar el cierre
con el aguijonazo final.

No cierres dando las gracias a todos los presentes por
el esfuerzo de haber venido. Si lo haces los estás invitan-
do a desconectar del verdadero mensaje, y a conectar de
nuevo con su día a día.

Me resulta fácil encontrar las palabras exactas para generar impacto con mis finales.

Tengo claro que el final marca enormemente cualquier comunicación.

Decido aprovechar estratégicamente los finales en todas las conferencias que realice.

ENSAYA

Ensayar antes de estar ante tu audiencia te aporta dos elementos de gran importancia: la preparación a nivel cerebral, y el cálculo correcto de los tiempos.

Ensayar no significa ponerte delante del espejo y observarte mientras hablas. No hagas nunca eso, ya que estarás intentando controlar de forma consciente la comunicación no verbal, que es obra de tu subconsciente, y te puede generar nerviosismo e inseguridades.

Ensayar significa decir tu discurso, ya sea de forma verbal o mentalmente, en silencio.

Puedes ensayar mientras conduces, mientras caminas por la calle, o en cualquier otra situación.

Como dice el refrán, la experiencia hace al maestro. Ensayar te permite adquirir parcialmente esa experiencia sin la necesidad de estar ante tu audiencia. Y es que, a través del entrenamiento se alcanza la excelencia.

Es evidente que, si tu discurso ya lo has realizado en varias ocasiones, la necesidad de ensayar puede reducirse. Pero si estás ante una comunicación nueva, no dejes de hacerlo.

El primer beneficio se produce a nivel cerebral. Cuando ensayas activas determinadas redes neuronales, exactamente las mismas que utilizarás cuando realices tu discurso. Y cuanto más las actives, mayor será su grosor, lo que facilitará su posterior reactivación.

Cuando te enfrentas ante tu audiencia para comunicar algo que no habías ensayado, te verás obligado en ese mismo instante a generar buena parte de las redes neuronales necesarias para hacerlo.

Es muy probable que hayas escuchado el consejo de que antes de ir a una entrevista de trabajo debes visualizarla, imaginando toda la entrevista del modo en el que te gustaría que sucediera, desde que llegas hasta que sales por la puerta. Este ejercicio te permite llegar a la entrevista con experiencia, y preparado a nivel neuronal.

El segundo beneficio que te aporta ensayar, y que además no lograrás de otro modo, es poder medir la duración de tu discurso.

Cualquier comunicación que llevemos a cabo tiene, por lo general una hora de inicio y una duración. Ese es el tiempo que, por lo tanto, tu audiencia ha reservado para ti. No cumplir con ese tiempo habla muy mal de quien lo hace.

Si acabas mucho antes de lo previsto, estás estafando a tu audiencia. Si tenían reservado para ti una hora, y tú acabas en media, no les estás llenando esa otra media hora que habían sacado de su tiempo para ti, y eso a nivel inconsciente se vive como una decepción y una estafa

Si, por el contrario, te excedes en mucho del tiempo que tenías programado, les estás obligando a dedicarte mucho más del que tenían reservado, algo que inconscientemente se vive como si les estuvieras robando su tiempo. Además, te puedes encontrar con personas que, habiendo calculado su agenda para ajustarse al programa, deban marcharse, con la decepción que eso pueda suponerles.

Si tu intervención se lleva a cabo dentro de un evento en el que hay más ponentes, no cumplir con los horarios es una falta de respeto total hacia la organización y hacia los demás participantes, a los que muy probablemente les estés robando parte del tiempo que se les había asignado para realizar su discurso. Recuerda la anécdota que me sucedió en el Auditorio Nacional de México, donde por la excesiva duración de una actuación, nos quitaron tiempo a todos los ponentes que veníamos detrás.

La correcta gestión de los tiempos es uno de los retos más complejos, especialmente cuando no hay una correcta preparación y ensayo.

Ajústate siempre a los tiempos que tienes asignados. Es probable que a nivel consciente la audiencia no lo valore, pero a nivel subconsciente seguro que habrás ganado puntos ante muchos de ellos.

 Ensayar me aporta grandes beneficios.

 Disfruto ensayando cualquier comunicación.

PREFERENCIAS DE LENGUAJE

Cada persona es diferente, y nuestras capacidades y habilidades también lo son.

Entre esas diferencias hay una que debes conocer ya que condiciona tu modo de transmitir: me refiero a las preferencias de lenguaje.

Cada individuo presenta una preferencia de lenguaje prioritaria, que le lleva a captar y asimilar la información de un modo concreto.

Hay personas visuales, auditivas y kinestésicas, en una proporción aproximada de un tercio para cada preferencia de lenguaje.

Las personas visuales aprenden a través de la vista. Para ellos o, mejor dicho, para nosotros ya que me incluyo en este grupo, estar ante un ponente inmóvil y sin ningún tipo de apoyo visual, supone una tortura, y nos obliga a un esfuerzo continuo para prestar atención.

El movimiento y el apoyo visual, ya sea con transparencias, videos, un pizarrón sobre el que escribir, etc., son piezas esenciales para llegar a los visuales.

Las personas auditivas aprenden a través de lo que oyen. Son las más fáciles de mantener conectadas en casi cualquier discurso ya que, por lo general, no requieren más estímulos que oír al ponente.

Las personas kinestésicas aprenden a través del sentir. Necesitan tocar, experimentar, participar, moverse y sentir emociones. Al igual que sucedía con los visuales, a los kinestésicos les cuesta un gran esfuerzo mantenerse conectados cuando no hay estímulos más allá de la voz del hablante.

En el caso de los niños se diferencia con facilidad a los kinestésicos, ya que necesitan el contacto físico y el movimiento para aprender. Suelen hablar más despacio, expresan sus sentimientos con facilidad y son capaces de emocionar. Priorizan los sentidos del tacto, el gusto y el olfato.

Ante el reto de montar un mueble, las personas visuales miran las instrucciones, fijándose exclusivamente en los dibujos. Los auditivos deben leer, incluso algunos en voz alta, las instrucciones. Y los kinestésicos es muy probable que ni siquiera miren las instrucciones y se pongan a experimentar.

Dado que en la audiencia que tendremos delante habrá aproximadamente un tercio de cada tipo, debemos diseñar nuestra comunicación para que todos ellos se mantengan conectados durante todo el discurso.

Utiliza apoyo visual, muévete por el escenario, haz participar a los asistentes, y permíteles conectar a nivel emocional.

 Preparo y realizo mis presentaciones teniendo en consideración a las personas visuales, auditivas y kinestésicas.

Uso de presentación visual

Vivimos en la era de la tecnología, y cada vez disponemos de herramientas más fáciles y potentes para elaborar vistosas presentaciones.

El uso de un soporte visual es importante para que buena parte de tu audiencia se mantenga conectada, pero no debería ser tan atractivo como para mantenerlos conectados más allá de unos segundos.

El objetivo de la presentación visual es reforzar el mensaje que tú transmites, y facilitar que toda la audiencia se mantenga conectada contigo.

El mensaje es el que transmites a través de lo que dices. Las palabras que dices son más importantes que las que aparecen en la pantalla.

El centro de atención debes ser tú, y todo aquello que lleve a tu audiencia a dejar de mirarte a ti, genera desconexión contigo.

Las presentaciones deben ser visuales, con imágenes que refuercen tu mensaje, y no deben incluir largos textos. Si los pones, obligas a tu audiencia a escoger entre escucharte a ti y leer lo que muestra la pantalla.

Evita también las presentaciones con animación. Son un estímulo demasiado grande, y eso supone una competencia no deseable a la hora de atraer la atención del público.

Y, sobre todo, utiliza una presentación visual solo cuando añada impacto a la palabra hablada.

Cada transparencia debe captar la mirada de la audiencia tan solo unos pocos segundos. Algunos consejos que te ayudarán a la hora de prepararlas:

- No incluyas más de cinco líneas de texto, y no más de tres palabras por línea.
- Mejor si incluye imágenes y gráficos.
- Evita listas a base de puntos. Las listas no deberían contener más de cinco puntos en una misma diapositiva.
- Evita incluir explicaciones, solo palabras relacionadas con conceptos.

- Utiliza fondos oscuros con letras blancas. Las típicas proyecciones con fondo blanco suponen un estímulo intenso para el subconsciente de los presentes, haciendo que su mirada se desplace continuamente buscando esa luz intensa que tanto destaca. Fondos negros o azul oscuro son perfectos.

- Utiliza algún tipo de letra San Serif (Helvetica, Arial, Genove, Lucida, Verdana, Futura...). Las letras Serif presentan detalles en los bordes de los contornos, y están diseñadas para enganchar al lector. Son las letras utilizadas en libros y revistas. En el caso de las presentaciones el objetivo es el contrario, es decir, que no se enganchen leyendo.

- Utiliza letras minúsculas. Leemos más despacio los textos escritos en mayúsculas, por lo que escribir en minúsculas reduce directamente el tiempo que nuestra audiencia se mantiene conectada con cada transparencia.

- Usa el menor número de diapositivas necesario para llevar al público hasta el punto de llegada. Cuantas menos mejor.

- Calcula que cada transparencia debería mantenerse en pantalla un mínimo de tres o cuatro minutos mientras hablas.

- Evita pasar transparencias sin comentar, ya que demuestran improvisación y falta de respeto a la audiencia. El utilizar presentaciones recicladas sin adaptarlas al nuevo evento propicia habitualmente estas situaciones.

El uso de presentaciones en PowerPoint, o en cualquier otro *software* con la misma finalidad, además de servir como refuerzo para tu audiencia, te sirve también como guion para tener delante la estructura de tu discurso.

En ningún caso debes poner en la presentación el mensaje tal cual lo pretendes transmitir, ya que la tentación de leerlo será enorme, y si lo haces la desconexión con el público también será enorme. Además, si tan solo vas para leer tu discurso, mejor no vayas, y que lo lea directamente tu audiencia.

 Diseño mis presentaciones exclusivamente como apoyo al mensaje que yo transmito.

TARJETAS RECORDATORIO

En caso de no utilizar presentación visual y, necesitar tener un apoyo para recordar la estructura del discurso, puedes utilizar tarjetas. Las fichas de 10 x 15 cm aproximadamente son un buen sistema.

Debes prepararlas antes de comenzar a ensayar tu discurso, y debes conocerlas a la perfección.

Para confeccionarlas sigue las siguientes indicaciones:

- No pongas más de cuatro líneas por ficha, y que cada línea contenga un máximo de tres palabras.
- No pongas frases, ya que tan solo es un recordatorio del guion.
- Escríbelas con letra clara, que puedas entender con facilidad, y mejor en letras mayúsculas.

- Enumera las fichas, de modo que, si tuvieras un accidente y se cayeran, tuvieras la capacidad de ordenarlas fácilmente.

Las fichas son un mero recordatorio, por lo que no las debes leer, sino tan solo acceder a su información cuando corresponda, levantar de nuevo la mirada, y a continuación seguir hablando. No hables mientras lees las fichas.

La ficha superior debe ser siempre la siguiente a utilizar, de modo que cuando bajes la mirada siempre tengas delante la ficha que corresponda. Esto supone que cuando hayas usado una ficha debes discretamente pasarla al final mientras hablas.

 Cuando utilizo fichas como apoyo en mis presentaciones, las preparo anticipadamente y ensayo con ellas.

Hemos visto diversos elementos importantes para llevar a cabo una buena preparación que te permita tener éxito, o incluso brillar, ante tu audiencia.

En el siguiente capítulo nos adentraremos en el acto mismo de la comunicación, cuando realmente estás ante tu audiencia.

CREENCIAS «PREPARACIÓN PREVIA»

Te recomiendo que regrabes las creencias incluidas en este capítulo al menos una vez por semana durante las próximas cuatro semanas.

Para regrabarlas basta que te repitas mentalmente cada creencia tres veces mientras te pasas el imán desde el entrecejo hasta la nuca.

Recuerda que el objetivo de la regrabación es reforzar las redes neuronales asociadas a las creencias, lo que producirá que esa creencia se active en tu día a día con mayor facilidad y rapidez.

1. *Me permito conectar conmigo mismo para identificar con facilidad los objetivos de cada comunicación que busco realizar.*

2. *Lo primero que hago cuando preparo una comunicación es definir mi objetivo.*

3. *Siempre veo las presentaciones como regalos maravillosos para generar impacto en los demás.*

4. *Siempre busco transmitir información útil que genere interés.*

5. *Siempre preparo con antelación todas mis comunicaciones para generar el máximo impacto en mis interlocutores.*

6. *Siento que el mensaje que tengo que transmitir es de gran ayuda para los demás.*

7. *Confío en que lo que tengo que decir es interesante e importante para los demás.*

8. *Identifico con facilidad los conceptos e ideas óptimos para lograr el objetivo.*

9. *Conocer a mi audiencia me permite ajustar mi mensaje y la forma de transmitirlo para generar el mayor impacto posible.*

10. Siempre busco tener conocimiento previo de mi audiencia para preparar adecuadamente mis comunicaciones.

11. Me resulta fácil organizar y redactar mis ideas.

12. Identifico con facilidad los temas clave a incluir en mis presentaciones.

13. Siempre filtro los temas a incluir en mis presentaciones según el tiempo del que dispongo y el objetivo que persigo.

14. Pongo atención en generar credibilidad en mi audiencia.

15. Ser coherente en todo momento me permite ser mejor comunicador y mejor persona.

16. Preparo adecuadamente todo lo que tengo que decir con antelación para generar el mayor impacto posible.

17. Tengo facilidad para estructurar cualquier mensaje que desee transmitir.

18. Siempre doy estructura al mensaje previamente.

19. Sé transmitir mis ideas con claridad y convicción.

20. Estoy totalmente decidido a ser un gran comunicador.

21. Fluyo redactando mis discursos.

22. Soy capaz de capturar la atención del público cuando lo desee.

23. Tengo las palabras exactas para capturar la atención del público.

24. Sé lo que tengo que hacer para capturar la atención del público.

25. Me resulta fácil encontrar las palabras exactas para generar impacto con mis finales.

26. Tengo claro que el final marca enormemente cualquier comunicación.

27. Decido aprovechar estratégicamente los finales en todas las conferencias que realice.

28. Ensayar me aporta grandes beneficios.

29. *Disfruto ensayando cualquier comunicación.*

30. *Preparo y realizo mis presentaciones teniendo en consideración a las personas visuales, auditivas y kinestésicas.*

31. *Diseño mis presentaciones exclusivamente como apoyo al mensaje que yo transmito.*

32. *Cuando utilizo fichas como apoyo en mis presentaciones, las preparo con antelación y ensayo con ellas.*

5

Sal y disfruta

Todo tu mensaje debe ser percibido con coherencia,
y para ello tú debes ser coherente.

Tras haber preparado la comunicación, llega el momento de realizarla. Es entonces cuando debemos generar conexión, y conseguir que todo el mensaje que transmitimos esté perfectamente alineado, evitando enviar mensajes contradictorios.

Piensa que, cuando el pensamiento de tu audiencia conecta con algún elemento diferente al mensaje que estás verbalizando, se genera desconexión. Es por ello que debes alinear a tu subconsciente para evitar que genere algún estímulo incongruente con tu mensaje.

Cualquier incoherencia percibida por el subconsciente de nuestros interlocutores les lleva con facilidad a poner su atención en esa incoherencia, y por lo tanto a desconectar del mensaje.

A continuación, te indicaré qué debes hacer y qué no debes hacer, siempre desde la perspectiva de evitar los mensajes contradictorios.

Algunos de los elementos que te mostraré tienen que ver con tu comunicación no verbal, pero hay otros mensajes que van más allá de lo que hacemos o cómo nos comportamos en ese momento. Es por ello que debemos conocerlos y evitar caer en determinados errores.

EVITA LEER

En caso de usar presentación visual tipo PowerPoint, debes evitar leer lo que aparece en la pantalla, ya que cuando lees generas desconexión con tu audiencia. Recuerda que

el mensaje es el que tú transmites. Lo que aparece en pantalla es tan solo un apoyo para dicho mensaje.

La lectura provoca dos errores típicos, que debes evitar, ya que llevan a la audiencia a conectar con lo que haces y no con el mensaje que deseas transmitir:

Por un lado, el «cuello de goma», que consiste en estar girando continuamente el cuello para leer lo que aparece en la pantalla detrás de ti.

El segundo error es hablar de espaldas al público mientras miras la pantalla. Nunca hables de espaldas al público, ya que la desconexión es prácticamente instantánea.

 Evito leer durante mis discursos.

EVITA LA MONOTONÍA

La monotonía genera aburrimiento y desconexión. Para evitarla hay tres elementos que debes tener presente: la intensidad emocional, el volumen de voz y el ritmo.

Intensidad emocional. La audiencia debe sentirse atraída por lo agudo del contenido y por lo intenso de la exposición.

Debes ir ajustando la pasión e intensidad con la que transmites en función del contenido y de tu propia implicación en el tema. Eso sí, siempre desde la coherencia.

Por ejemplo, explicar un suceso personal que para ti supuso un gran impacto es totalmente distinto que explicar un concepto teórico.

Un error que he visto muchas veces en el ámbito del desarrollo personal son esas conferencias en las que el orador busca transmitir superación, y lo hace conectando con el dolor de las experiencias vividas en el pasado. Ante esa situación la audiencia encuentra una clara incoherencia en el ponente, y el mensaje que realmente recibe es que la persona que habla «no lo ha superado». En vez de generar en ellos ilusión y esperanza, genera conexión a través de la empatía y el dolor, que no era el objetivo perseguido.

Si deseas ver un discurso excelente en lo que a autocontrol y coherencia emocional se refiere, manteniendo la conexión con el público en todo momento, busca en

Internet el discurso de Madonna cuando recogió el reconocimiento del mundo de la música como mujer del año en 2016 (Billboard's Women in Music 2016). Es realmente fantástico.

Cuando transmitimos conectando con emociones, ya seamos nosotros mismos quienes las sentimos, o bien haciendo conectar de algún modo al público con sus propias emociones, generamos conexión con la audiencia, ya que las emociones son una respuesta inconsciente. Eso sí, debemos ser muy conscientes de las que generamos en nuestra audiencia, para que el impacto real sea el que buscamos.

Volumen de voz. Un volumen constante facilita la desconexión. Por el contrario, subir y bajar el volumen de nuestra voz en función de lo que transmitimos ayuda a nuestra audiencia a mantenerse en todo momento conectada con nosotros y con nuestro mensaje.

Cuando hablamos en público nuestro volumen es aproximadamente un diez por ciento más elevado que cuando lo hacemos en una conversación informal, pero con eso no basta. Debemos saber utilizar este recurso a nuestro favor y el de nuestra audiencia.

Como criterio general, haz lo siguiente:

Para los mensajes importantes, así como para las historias con intensidad emocional, debes bajar el volumen de tu voz.

De este modo facilitas que la frecuencia cerebral de quienes te escuchan baje, y es en frecuencias bajas donde tenemos más facilidad de impactar a nivel del subconsciente. Con los mensajes importantes, cuanto mayor sea el impacto en nuestros interlocutores a nivel subconsciente, mejor.

Los mensajes no importantes, como los chistes o las anécdotas, transmítelos con un volumen más elevado.

Llevándolo a otro plano, cuando nuestros hijos están alborotados y gritando entre ellos, si queremos calmarlos no deberíamos ponernos también nosotros a gritar. Haciendo eso dificultamos que su frecuencia cerebral baje y que se relajen. Si por el contrario les hablamos bajito, se verán obligados a bajar su nivel de excitación cerebral para escucharnos, y se relajarán.

Ritmo. La velocidad a la que hablamos es el tercer factor que debemos tener en cuenta para evitar la monotonía. Un ritmo constante durante toda la presentación dificulta el mantener la conexión, y un ritmo demasiado lento directamente aburre a la audiencia.

Se dice que los seres humanos somos capaces de escuchar y asimilar palabras a una velocidad cinco veces mayor de la que somos capaces de hablar. Pero como es lógico, nuestra asimilación es diferente en función de la velocidad. Esto comporta que debemos saber usar diferentes ritmos en función de los mensajes que transmitimos.

Los mensajes importantes, así como los elementos emocionales (despidos, fallecimientos, etc.) debes transmitirlos a un ritmo lento, mientras que para los mensajes no importantes debes utilizar un ritmo rápido.

El motivo radica en que nos interesa que los mensajes importantes no solo lleguen a nuestra audiencia, sino que además quienes nos escuchan sean capaces de reflexionar sobre lo que estamos exponiendo y puedan conectar con sus emociones.

En cambio, los mensajes no importantes como los humorísticos e incluso motivacionales, pueden fluir a un ritmo mucho mayor, ya que el impacto que buscamos es totalmente diferente. En estos casos buscamos la excitación para responder sin reflexionar.

Juntando estos conceptos

Los mensajes importantes los transmitiremos despacio y con un volumen bajo, mientras que los no importantes saldrán con rapidez y volumen elevado.

Muchas personas se sienten incómodas ante los momentos de silencio, cuando están con otras, pero la comunicación no solo se produce cuando se habla. Los silencios son muy poderosos, los puedes utilizar para ayudar a tu interlocutor a interiorizar en sí mismo, o para permitirle pensar en algún concepto que te interese.

 Sé lo que debo hacer y lo hago para transmitir mi mensaje con éxito.

Cuantas más personas tengo delante más motivado estoy para transmitir con pasión e intensidad.

Adapto el modo en el que transmito en función de la importancia del mensaje.

Hago lo necesario para transmitir mi mensaje con éxito.

Dicción clara y precisa

Cuando hables, asegúrate de poner especial cuidado en que todas tus palabras se entiendan. El mensaje debe ser nítido, y para ello debes transmitirlo con claridad.

Evita comerte palabras, o hablar como si tuvieras la boca llena, ya que los mensajes se desvirtúan.

Piensa que, si tu audiencia debe estar pensando en lo que dijiste en una frase anterior, automáticamente desconecta del mensaje que estás transmitiendo en ese momento.

Elimina también las coletillas o muletillas, expresiones que muchas personas repiten al final de casi cada frase, y que pueden ser palabras o sonidos de relleno, como por ejemplo el «¿Vale?», «¿No?», «Puessss...», «Hmmmm», «Este...», «Es decir», «¿Se entiende?», «¿Me explico?», «Entonces», «O sea», etc.

Este tipo de expresiones lleva ineludiblemente a todos los presentes a hacerse conscientes de su uso, lo que distrae la atención y dificulta la conexión contigo y con tu mensaje.

Tengo la capacidad de hablar con claridad y precisión.

Siempre pongo atención a que mis palabras sean entendidas.

Me hago consciente con facilidad de mis muletillas y las elimino con rapidez.

CONTACTO VISUAL

Establecer contacto visual con toda la audiencia es uno de los factores que facilitan la conexión.

Mira de forma sostenida a todos los asistentes, saltando de unos a otros por distintas zonas de la sala, pero sin mantener la mirada durante más de tres segundos en ninguno.

No lo hagas uno a uno secuencialmente ya que, siguiendo un orden fácilmente identificable por tu audiencia, estarán pendientes de cuándo les llega a ellos tu mirada, por lo que su atención pasa a lo que haces, dejando de estar en lo importante: lo que dices.

Hay quien, ante la incomodidad que siente al tener que hablar en público, comete el error de buscar una mirada amiga, receptiva a su mensaje, y realizar su discurso mirando casi de forma exclusiva a esa persona.

Manteniendo la mirada durante un tiempo prolongado generamos dos conflictos. El primero para la persona a la que miramos, ya que su atención llega un momento en el que deja de estar en el mensaje, y pasa a estar en la incomodidad de la situación. Inconscientemente esa situación es vivida como una invasión de su intimidad, que le impide ser libre para dejar de mirarte, para rascarse, o incluso para cerrar los ojos unos segundos si lo desea. Y lo peor es que esa incomodidad incluso se hace consciente, lo que le lleva a desconectar.

El segundo conflicto se genera en el resto de la audiencia. Esa exclusividad en la mirada con uno de los asistentes, automáticamente excluye a los demás. A un nivel inconsciente el resto de asistentes perciben esa situación como un rechazo hacia ellos, lo que también provoca desconexión.

Hay también quien, para facilitar su concentración en el mensaje que transmite, clava su mirada en el suelo o en el fondo de la sala, no generando contacto visual con ningún participante. Este también es un grave error que debes corregir en caso de que te suceda, ya que también genera desconexión con la audiencia.

Si te encuentras en un auditorio grande, donde la conexión visual con tu audiencia es imposible, debes ir alternando tu mirada por sectores, manteniéndola en cada sector escasos segundos. Todos los que se encuentran en el sector al que miras, tendrán la sensación de que los estás mirando a ellos, por lo que se genera del mismo modo conexión.

La conexión visual con tu audiencia aporta un beneficio adicional, el poder leer en sus caras y sus ojos si el mensaje está llegando o no. Esto te permitirá introducir los ajustes necesarios en tu discurso para volver a captar su atención, en caso de que sea necesario.

 Soy plenamente consciente de la importancia del contacto visual.

 Siempre establezco contacto visual con toda mi audiencia.

CONTROLA TU CUERPO

Es más importante lo que dices que los gestos que haces. Ahora bien, debes tener presente algunos aspectos importantes que podrían llevarte a generar desconexión en los participantes en caso de no tener controlados tus gestos.

La mirada de tu audiencia debe estar focalizada en tu cara, y tus manos deben estar siempre visibles.

Cuando las manos no están visibles, inconscientemente cada pocos segundos las buscamos con la mirada.

Te recomiendo que te olvides de tus manos, déjalas sueltas con los codos ligeramente doblados, permitiendo que se comporten de forma natural mientras hablas. Tan solo debes evitar lo siguiente:

- Evita poner el reverso de tus manos orientado hacia tus interlocutores, o tu público. Piensa que, todo nuestro organismo presenta un equilibrio magnético perfecto, teniendo polaridades diferentes en función del lugar específico del cuerpo.

El magnetismo que tenemos en el reverso de las manos, al entrar en contacto con la parte frontal de quien nos escucha, genera debilidad en los presentes, lo que conscientemente no percibimos, pero sí a nivel inconsciente.

Cuando mantienes tus manos con las palmas orientadas hacia ti, y el reverso mirando a tus interlocutores, la incomodidad de estos irá en aumento a medida que vayan pasando los minutos, lo que dificulta la comunicación.

- No señales nunca con el dedo a ningún participante. A nivel energético es una agresión, y así es percibida inconscientemente tanto por quien la recibe como por aquellos que son testigos de la misma.

Si deseas señalar a alguien, utiliza tu mano abierta orientada hacia esa persona.

- Evita juntar tus manos entrelazando los dedos. Además de ser una posición en la que el reverso de tus manos queda orientado a tu audiencia, el entrelazamiento supone un corte de la comunicación.

Se trata de una posición de cierre o de bloqueo, por lo que es percibida inconscientemente como tal, dificultando la comunicación.

- Evita cruzarte de brazos. Al igual que sucede al entrelazar los dedos de las manos, el cruce de brazos supone un cierre o bloqueo a la comunicación.

- Evita juntar las manos delante de tus órganos sexuales en posición de descanso. Inconscientemente la mirada de la audiencia se dirigirá en diversas ocasiones hacia tus manos, y es fácil que haya conexión consciente con lo que hay detrás de ellas.
- Evita juntar tus manos en la espalda. Las manos deben estar siempre visibles, y de no estarlo las buscamos inconscientemente con la mirada. Al juntarlas detrás del cuerpo, en concreto, detrás de las nalgas, la mirada se va a la parte sexual, con lo que hacemos conexión consciente con el sexo, desconectando del mensaje.
- Evita meter las manos en los bolsillos. Tras unos segundos en esa posición, buena parte de tu audiencia se habrá hecho consciente de tus manos, y habrá desconectado del mensaje.
- Evita ponerte en posición de tetera (una mano en la cadera), o de tetera de doble asa (ambas manos en las caderas). Al igual que sucede al meter las manos en los bolsillos, en caso de mantenerse la posición durante medio minuto o un minuto, el pensamiento de tu audiencia conectará conscientemente con ella, y desconectará del mensaje.

Recuerda siempre en este tema que la clave está en evitar hábitos erróneos. De hecho, salvo en el caso concreto de señalar con el dedo, que no debes hacerlo nunca, el resto puedes hacerlo de forma puntual si te sale con naturalidad. El problema es cuando una de esas posiciones se alarga más allá de diez o quince segundos, ya que primero a nivel inconsciente, y después a nivel consciente, tus interlocutores conectan con ellas.

En el momento en que tu interlocutor se hace consciente de la posición, automáticamente desconecta del mensaje y de ti.

En cuanto te olvides de tus manos, habiéndote asegurado de no tener ningún hábito de los anteriores, tu público también se olvidará de ellas.

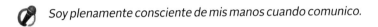 *Soy plenamente consciente de mis manos cuando comunico.*

 *Con mis manos siempre facilito la conexión con mi audiencia.*

SONRÍE

La sonrisa permite establecer vínculos de confianza, por lo que debemos sonreír a nuestro auditorio para que nuestro mensaje sea bien recibido.

Sonríe de forma sencilla, natural, y con intensidad, de modo que las comisuras de los labios se observen levantadas, e incluso viéndose los dientes superiores. Este tipo de sonrisa transmite seguridad y confianza.

 Sonrío habitualmente en mi día a día.

CONTROLA TU IMAGEN

Ten presente el tipo de ropa que llevas, porque con ella facilitarás o dificultarás la conexión con tu audiencia.

Como hemos visto antes, la mirada del público debe estar centrada en tu cara, manteniendo las manos visibles en todo momento. Tu vestimenta, tanto ropa como accesorios, debe facilitar esa conexión visual con tu cara.

La proximidad facilita el contacto visual, y la distancia lo dificulta. Es por ello que cuanto mayor sea la distancia física entre tu audiencia y tú, mayor relevancia adquiere tu vestimenta, y más atención debes prestarle.

Usar prendas con colores que destaquen más que la propia cara, supone un estímulo muy fuerte para el subconsciente de tu audiencia, y lleva su mirada constantemente a tu ropa.

Un vestido con formas irregulares y múltiples colores, puede ser ideal para una fiesta, pero es horrible para una conferencia. Ante una situación así, las personas visuales somos casi incapaces de mirar a la cara del ponente.

Las blusas de seda con colores claros deben ser también eliminadas de las opciones de vestimenta cuando vayas a hablar en público. La luz de los focos al contactar con la seda genera pequeños destellos, que se convierten en estímulos visuales tan enormemente poderosos que no podemos evitar seguirlos con la mirada.

La ropa oscura, en especial el negro y el azul marino, es ideal para presentaciones en las que haya mucha gente ya que, con independencia de la distancia a la que se encuentre tu audiencia, lo que destaca por encima de todo es la cara y las manos. Si te fijas en los grandes conferencistas, casi todos visten de negro cuando aparecen en escena.

En cualquier caso, tu vestimenta debe ir en consonancia con el público al que te diriges, con la imagen con la que te asocian, y por supuesto debe respetar las tradiciones culturales del lugar.

Por ejemplo, un líder espiritual podría generar confusión entre su audiencia si aparece vestido de negro. En cambio, un ejecutivo, en la mayoría de empresas, puede generar confusión en sus interlocutores si viste todo de blanco.

Como es evidente, tu vestimenta dice mucho de ti antes de que comiences a hablar. En cualquier caso, en este ámbito específico, tu objetivo debería ser que tu atuendo pase desapercibido.

 Elijo mi ropa buscando que pase desapercibida para mi audiencia.

OCUPA EL ESPACIO

Es importante que ocupes el espacio del que dispones, evitando mantenerte estático o con un movimiento continuo.

Moverte por el escenario te permite conectar con mayor facilidad con el público que se halla presente en cada zona.

También obliga a tu audiencia a seguirte con la mirada lo que, dependiendo del recorrido visual que deban hacer, genera una cierta activación cerebral. Todo ello facilita el mantenimiento de la conexión entre tu audiencia y tu persona.

Mantenerte estático facilita la desconexión, especialmente de las personas cuya preferencia de lenguaje es la visual.

El movimiento continuo también genera desconexión, ya que supone un estímulo demasiado fuerte como para ser obviado. Cuando un ponente no para de moverse, buena parte del público conecta inconsciente y conscientemente con su movimiento.

Cuando desees reforzar un mensaje importante puedes apoyarte también en el uso del espacio. Haz un corto silencio, muévete unos metros, y con voz suave y pausada lanza ese importante mensaje.

 Hago uso del espacio del que dispongo cuando comunico.

PON TU ATENCIÓN EN TU PÚBLICO

Debes estar atento a tu audiencia y, adaptarte en forma y mensaje en función del nivel de conexión o desconexión que percibas.

Si los estás perdiendo, deberás utilizar algún recurso que te permita volverlos a captar. En cambio, si los mantienes totalmente conectados contigo, sigue adelante ya que lo estás haciendo bien.

Te darás cuenta de que los pierdes si observas en ellos que comienzan a mirar sus teléfonos, a bostezar, a dormirse, o a generar conversaciones entre ellos.

Las anécdotas, las historias personales, los chistes y las actividades participativas llevan a toda la audiencia a conectar inmediatamente, incluso aquellos que se estaban durmiendo.

Basta con que digas «Voy a contaros una anécdota que me sucedió...» para que todos abran sus ojos y estén expectantes de conocer los detalles.

No dudes en usar alguno de estos recursos para recuperar la atención de tu audiencia cuando sea preciso.

Por otro lado, evita dar la espalda, y mucho menos continuar con tu discurso manteniendo esa posición. Este error es frecuente en oradores sin experiencia cuando utilizan presentaciones, o cuando escriben en una pizarra.

Tengo la capacidad de estar centrado con independencia de si me escuchan o no.

Identifico con rapidez cuando el público se distrae.

Sé lo que tengo que hacer, y lo hago, para recuperar la atención del público.

Disfruto incluso cuando el público desconecta de mí.

Me mantengo seguro y enfocado ante la indiferencia de la gente.

Acepto que cada uno tiene sus prioridades y sus intereses.

USA ANÉCDOTAS E HISTORIAS PERSONALES

Las anécdotas e historias personales generan conexión prácticamente siempre, por lo que es un recurso muy recomendable.

Con el paso del tiempo recordamos con mayor facilidad las anécdotas que las ideas o los conceptos, por lo que,

si eres capaz de transmitir tus ideas a través de anécdotas, el impacto en tu audiencia será mucho mayor.

Un mensaje importante transmitido a través de una anécdota adquiere mayor profundidad. La audiencia está más receptiva y con mayor interés por escuchar, si la anécdota es personal la credibilidad del ponente aumenta, el concepto por lo general se entiende de una manera más sencilla, es fácilmente explicable a terceros, puede aparecer algún tipo de emoción, y el recuerdo es de mayor duración.

Además, las anécdotas son un recurso práctico muy útil para captar la atención de la audiencia en caso de necesidad.

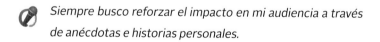 *Siempre busco reforzar el impacto en mi audiencia a través de anécdotas e historias personales.*

Me resulta fácil encontrar anécdotas para transmitir mis ideas.

Haz participar al público

Es muy distinto escuchar de forma pasiva, que participar activamente. Cuando tan solo escuchamos nos llevamos las ideas, conceptos, reflexiones, etc., que podemos haber captado durante el discurso de nuestro ponente. En cambio, cuando nos hacen participar nos llevamos una experiencia.

Las experiencias son mucho más poderosas y las retenemos durante más tiempo en nuestra memoria que las ideas y conceptos.

Cuando realices una conferencia, busca alguna actividad que tu audiencia pueda realizar, y que esté relacionada con tu mensaje. De ese modo, además de hacerlos vivir una experiencia, estarás reforzando tu mensaje, lo que supone un mayor impacto comunicativo.

Recuerda que haciéndolos participar tendrás a las personas kinestésicas cien por ciento conectadas, y las no kinestésicas casi con toda seguridad también.

En general, cuanto más participa el público, mejor valora al ponente.

En mis conferencias es habitual que probemos a usar el test muscular, o a realizar algún otro ejercicio que permita a los presentes experimentar de primera mano lo que explico a nivel más conceptual.

 Hago participar al público para que se lleve una experiencia.

 Cuanto más hago participar al público mayor es el impacto.

USA EL HUMOR Y LAS EMOCIONES

La risa y las emociones son respuestas inconscientes, no controladas por la razón.

Cuando logramos generar una respuesta inconsciente, hemos establecido conexión con nuestra audiencia.

Guiar a tu audiencia para que conecte con emociones de un modo controlado es un recurso que prácticamente garantiza su conexión contigo. Utilizar este recurso requiere tener control para que las emociones con las que conectan sean las que tú pretendes, y además sutileza para hacerlo de un modo natural y delicado.

Si logras generar emociones en tu audiencia, asociadas al mensaje, lo recordarán mucho más, se sentirán más satisfechos de haber asistido, y será mucho más fácil que alcances tu objetivo.

Por su parte, los chistes y el humor en general son un recurso práctico altamente útil que te permitirá captar la atención de la audiencia en caso de necesidad.

En general, las mujeres tienen más desarrollado que los hombres el lado emocional. La conexión con ellas es mayor cuando se activan respuestas emocionales, o simplemente cuando se habla de emociones.

Por lo general, en las mujeres es más fácil activar las respuestas emocionales que en los hombres.

Con el humor también se genera siempre conexión, ya que cuando tu público ríe, lo hace de forma inconsciente. Basta ver alguno de esos videos virales que circulan por internet, en los que una persona comienza a reírse en el metro, y poco a poco todos los presentes conectan con su risa, para acabar todos riendo a carcajadas.

Si tu audiencia es mayoritariamente femenina, es todavía más importante hacer uso de estos recursos y generar en ellas respuestas emocionales.

 Utilizo el humor y las emociones para generar mayor conexión con mi audiencia.

USO DE VIDEOS

Introducir algún video en la presentación aporta un cierto valor.

Por un lado, si el video está vinculado al mensaje que estamos transmitiendo, permite reforzarlo. Al igual que sucede con las anécdotas y las historias personales, es más fácil de recordar el video que puramente los conceptos.

Un segundo aspecto positivo es que,

al poner un video todo el mundo se conecta.

Ahora bien, la duración debe ser siempre proporcionada al tiempo que dura tu exposición, y no debería superar el veinte por ciento del tiempo total. De hecho, cuanto mayor sea el tiempo del que dispones, menor debería ser el porcentaje de tiempo que ocupe el video.

A modo de ejemplo, en una charla de diez o quince minutos, la duración del video no debería superar los dos o tres minutos (un 20%). En cambio, en una conferencia de una hora, un video de doce minutos podría ser excesivo.

 Utilizo videos solo cuando me permiten reforzar el mensaje, y son proporcionados en duración.

PREGUNTAS DEL PÚBLICO

En general, serás tú quien decida si hay preguntas del público. En caso de haberlas, deberás estar preparado para ellas, habiendo reflexionado previamente sobre cuáles son las preguntas más embarazosas o desafiantes que te pueden hacer, y por supuesto tener las respuestas adecuadas para que cualquier pregunta te permita salir reforzado ante tu audiencia.

Las preguntas del público pueden estar reservadas en un espacio al final, o bien pueden ser permitidas durante toda tu intervención. En caso de estar programadas al final, no debes aceptar preguntas en el transcurso de la exposición, y en caso de producirse alguna deberás aplazar la respuesta al final de tu intervención. De ese modo todos los presentes sabrán que no vas a responder hasta el final.

Si las preguntas son al final, es interesante indicarles que vayan anotando las preguntas que surjan durante la charla para que de ese modo no las olviden.

Considera siempre las preguntas como un regalo maravilloso, ya que te dan la oportunidad de mostrar mucho más de ti, especialmente del tipo de persona que eres.

Cuanto más difícil o envenenada sea una pregunta, mayor es la oportunidad que te brinda. Bien aprovechada, esa pregunta te permitirá ganarte a una parte del público a la que todavía no habías logrado seducir.

Personalmente disfruto mucho las preguntas del público, e intento que siempre haya ese espacio para interactuar.

Ante las preguntas del público hay algunas directrices que deberás seguir para mantener la conexión con toda tu audiencia, o incluso incrementarla:

- **No interrumpas a quien esté realizando la pregunta,** ya que es una falta de respeto hacia esa persona, y por resonancia hacia todos los demás. Debes esperar a que finalice y a continuación respondes.
- **Interrumpe cordialmente a quien se alargue demasiado formulando su pregunta.** Hay personas que buscan su momento de gloria en esos instantes, y eres tú el responsable de cortar esa situación. De no hacerlo, buena parte del público desconectará. Para interrumpir cordialmente puedes usar alguna frase del tipo «Si lo estoy entendiendo bien, lo que usted me quiere preguntar es...», «Le agradecería que concretara su pregunta para poder dar opción también a otras personas a preguntar»...
- **Si te preguntan algo que no sabes, dilo.** Es preferible decir que no lo sabes a inventarte algo que pueda no ser cierto.
  En caso de no saber algo que supuestamente deberías, siempre puedes pedirle a la persona interesada

su correo electrónico, decirle que buscarás la información, y que le responderás por correo. De ese modo transmites hacia todos los presentes varias virtudes como la honradez, la sinceridad, la transparencia, el interés, etc.

- **Guarda la calma ante la hostilidad.** Si alguien te agrede verbalmente o busca desacreditarte ante tu audiencia, debes guardar la calma, responder con asertividad y no ponerte nunca a su nivel.

  Poniéndote al mismo nivel que tu «agresor» estarás perdiendo credibilidad y confianza ante buena parte de tu audiencia. La conexión se genera con la gente buena y coherente. Demuestra esa coherencia.

- **No entres en diálogos, y mucho menos en disputas, durante el turno de preguntas.** Hay ocasiones en las que, tras tu respuesta, la persona que preguntó vuelve a intervenir para profundizar más en el concepto. Si eso sucede, y la persona llega a su tercera intervención, aplaza la respuesta al final. Cordialmente le dices que si no le importa al final del evento continuáis con la conversación, y que ahora das paso a las preguntas de otras personas.

- **No te limites a repetir lo que ya dijiste en tu discurso.** En las respuestas a las preguntas del público aporta valor respondiendo de manera directa y concisa. Incluir anécdotas en las respuestas siempre es un valor añadido en lo que a conexión con la audiencia se refiere.

- **Una fórmula eficaz es recopilar las preguntas por escrito.** Recopilar las preguntas por escrito para ser formuladas directamente por el moderador permite ganar tiempo y evita los «minutos de gloria» de algunos asistentes.
- **Para responder, aléjate físicamente de quien te pregunta.** Es habitual que cuando nos preguntan, instintivamente nos acerquemos a nuestro interlocutor, pero con ello excluimos al resto, convirtiendo la situación en una conversación privada. Lo que debes hacer es lo contrario, aléjate de la persona que te pregunta para incluir al resto de tu audiencia en tu respuesta.

Por último, un pequeño truco que podría resultarte útil en alguna ocasión. En caso de haber realizado la conferencia en mucho menos tiempo del que tenías asignado, abre un turno de preguntas, aun no teniéndolo previsto. Simula que sí lo tenías previsto, y de ese modo estarás poniendo en consideración al público, y demuestras interés por resolver sus dudas e inquietudes.

Me siento seguro con los conocimientos que tengo cuando me enfrento a las preguntas de mi audiencia.

Está bien no tener la respuesta a todas las preguntas.

Pudo sentirme cómodo sin saberlo todo.

Las preguntas de la audiencia me permiten transmitir mis conocimientos con mayor claridad.

Las preguntas del público son una oportunidad para brillar.

Me siento cómodo cuando me preguntan.

Me siento cómodo aun sin saberlo todo.

Me mantengo tranquilo y calmado cuando me critican.

Respeto la crítica y las opiniones de los demás, sean del tipo que sean.

Mantengo mi autoestima ante la crítica y las opiniones de los demás.

Mantengo mi estado de ánimo ante la crítica de los demás.

Soy humilde y reconozco que hay cosas que desconozco.

JUEGA CON SUS PREFERENCIAS DE LENGUAJE

Cada persona tiene una modalidad de lenguaje prioritaria, que le lleva a captar la información y aprender de un determinado modo. Como ya hemos visto, hay personas visuales, otras auditivas y un tercer grupo de kinestésicos. Pero además tenemos una modalidad secundaria.

Las personas que somos visuales, como modalidad secundaria tenemos la auditiva o la kinestésica. Y lo mismo sucede con el resto.

Cuando eliminamos la posibilidad de utilizar una determinada modalidad de lenguaje, obligamos a todas las personas que tienen esa modalidad como prioritaria, a utilizar su modalidad secundaria.

El recurso más interesante en este sentido pasa por pedirle al público que cierre sus ojos. En ese instante desaparecen todos los estímulos que se perciben a través de la vista, baja su frecuencia cerebral, y en función de su modalidad secundaria se agudiza el oído o sienten con mayor intensidad.

Prueba a escuchar una canción con los ojos abiertos, como acostumbramos a hacerlo la mayoría de nosotros, y a continuación escúchala con los ojos cerrados. Si eres auditivo, es probable que no percibas demasiados cambios, pero si por el contrario eres visual o kinestésico, casi con toda seguridad vivirás una experiencia totalmente diferente.

Hace unos años, acudió a un curso una chica joven, guía de turismo, que se dedicaba a acompañar grupos en viajes organizados por distintos países de Asia. Cuando llegó el momento de hacer su exposición, nos pidió que cerrásemos los ojos y nos llevó de viaje por las Filipinas. Fue impresionante cómo sin ver una sola imagen, todos conectamos con los paisajes de arrozales en terrazas, o de la mujer que todavía recuerdo, con sus pies dentro del agua y su niño pegado al pecho, sujetado con una tela atada a su espalda.

 Soy consciente de las preferencias de lenguaje de mi audiencia, y las utilizo para generar mayor impacto.

EVITA LA RESONANCIA EMOCIONAL

Inconscientemente, las personas conectamos con las emociones y sensaciones de otros a través de las neuronas espejo que todos tenemos.

Si te acercas a tu audiencia y tocas a alguien del público, todo el mundo se siente tocado. Si alguien que está en el campo de visión de los demás sufre, todos generamos una respuesta emocional de resonancia con esa persona, y conectamos con su sufrimiento.

Debemos ser muy conscientes de esta situación, y evitar resonancias negativas, que conduzcan a la desconexión de nuestra audiencia.

Por ejemplo, nunca ridiculices, te burles o insultes a nadie del público, ya que será un insulto para buena parte de tu audiencia. Tampoco debes ignorar el dolor o el sufrimiento de alguien, ya que supone ignorar el dolor o sufrimiento de todos los que se han identificado con esa persona.

Se consciente en todo momento de las resonancias negativas que pueden darse, y actúa para evitarlas.

Durante una conferencia que impartí en una universidad en Lima, en la que precisamente se me estaba haciendo un reconocimiento muy especial como *honoris causa*, una persona en primera fila comenzó a toser, hasta el punto de que parecía que pudiera ahogarse. Ante esa situación, paré la conferencia, fui a buscar agua en la mesa de autoridades, y se la llevé a la persona que tan mal lo estaba pasando. Fue un acto reflejo, pero de no haberlo hecho, muy probablemente buena parte de la audiencia hubiera dejado de escuchar mi discurso en cuestión de segundos, para conectar con el sufrimiento de esa persona.

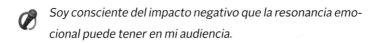 *Soy consciente del impacto negativo que la resonancia emocional puede tener en mi audiencia.*

 *Evito toda resonancia emocional negativa en mi audiencia.*

ORGANIZACIÓN DE LA SALA

Debes preparar previamente el lugar en el que vas a realizar tu intervención.

Llega con antelación para verificar el funcionamiento de los micrófonos y el resto de sistemas audiovisuales que vayas a utilizar. Todo debe estar funcionando cuando llegue el público.

Si utilizas micrófono, es preferible que sea de solapa o diadema, ya que te permitirá moverte con libertad y utilizar ambas manos durante tu intervención. En caso de no tener esa posibilidad, recuerda que el micrófono de mano requiere que lo mantengas de forma constante a una misma distancia de la boca, para evitar molestas subidas y bajadas del volumen de tu voz, que pueden llevar a la desconexión de algunos participantes.

La iluminación te debe destacar a ti, ya que eres tú quien transmite el mensaje. Y en cuanto al público, es preferible que la sala esté iluminada a que se encuentre a oscuras y ni siquiera puedas verlo.

Salvo en auditorios en los que las butacas están fijadas al suelo, lo habitual es que tengas la opción de organizar a los asistentes. Si es así, sigue las siguientes indicaciones:

- **Junta a los asistentes.** Al juntar a los asistentes, automáticamente se forma un grupo, y la comunicación es mucho más fácil de ese modo que cuando están desperdigados por la sala.
- **Oriéntalos hacia el centro del estrado.** Dependiendo de la cantidad de público y del espacio disponible, tendrás más o menos opciones de distribución, pero siempre que puedas organízalos en semicírculo, de forma que todos queden mirando de frente hacia ti. Esta distribución es ideal, ya que permite la conexión visual de todo el grupo, y al mismo tiempo la conexión visual contigo es totalmente natural.

  Si la distribución en semicírculo no es posible, ponlos en forma de U. Esta distribución es algo incómoda para algunos porque les obliga a tener la cabeza ligeramente girada para mirarte, pero permite el contacto visual con buena parte del grupo.

En última instancia sitúalos en formato escuela. Esta es la peor opción, ya que unos dan la espalda a otros, y energéticamente genera una cierta incomodidad, dificultando la unidad del grupo.

- **Evita los asientos vacíos.** Si esperas un determinado número de asistentes, no coloques el doble de sillas por si acaso. Si lo haces todos se marcharán con la idea de que asistió muy poca gente. En cambio, si te ves obligado a sacar más sillas porque se han llenado los asientos disponibles, la sensación será de éxito total.

- **Evita que los asientos delanteros queden vacíos.** Por timidez, desconocimiento o incluso prudencia por parte de algunos participantes, las primeras filas se quedan en ocasiones vacías. Esas filas están en el campo de visión de todos los participantes, y no dejan de ser espacios vacíos, por lo que se genera una imagen de un cierto fracaso.

 Además, el hecho de tener espacios vacíos entre tú y los asistentes, los aleja de ti, estableciendo una distancia que dificulta la conexión entre ambos.

- **Elimina las barreras físicas.** Evita que haya mesas, atriles, o cualquier otro objeto que suponga una barrera, entre tú y tu audiencia. Si, por ejemplo, hay una mesa, ponte delante y utilízala para apoyarte si lo deseas, pero evita ponerte detrás sentado en una silla. Si hay un atril, agarra el micrófono y no te quedes detrás.

 Las barreras físicas generan distancia y dificultan la conexión entre la audiencia y el ponente.

- **Elimina las distracciones potenciales.** Organiza la sala para que las puertas, ventanas, pasillos, y cualquier otra distracción potencial, quede fuera del campo de visión de los participantes.

 Organizo el lugar con antelación, buscando generar el mayor impacto.

Comunicar con éxito pasa por fluir en la comunicación, evitando interferencias que distraigan a nuestros interlocutores, o lo que es lo mismo comunicar con la coherencia máxima. Para ello no debemos intentar mostrarnos como no somos, sino al contrario, debemos ser nosotros mismos, disfrutando en todo momento de lo que hacemos, teniendo alineado a nuestro subconsciente para que todo lo que hace sin que nosotros pensemos, lo haga también en coherencia total.

Para comunicar con éxito debemos comunicar desde el corazón, no desde la razón.

Todo lo que acabas de ver son elementos que tu subconsciente debe tener interiorizados para que no te veas en la necesidad de prestarles atención cuando te encuentres ante tu audiencia. Esa es la razón de ser de todas las creencias que has venido grabando.

CREENCIAS «SAL Y DISFRUTA»

Te recomiendo que regrabes las creencias incluidas en este capítulo al menos una vez por semana durante las próximas cuatro semanas.

Para regrabarlas basta que te repitas mentalmente cada creencia tres veces mientras te pasas el imán desde el entrecejo hasta la nuca.

Recuerda que el objetivo de la regrabación es reforzar las redes neuronales asociadas a las creencias, lo que producirá que esa creencia se active en tu día a día con mayor facilidad y rapidez.

1. *Evito leer durante mis discursos.*

2. *Sé lo que debo hacer y lo hago para transmitir mi mensaje con éxito.*

3. *Cuantas más personas tengo delante más motivado estoy para transmitir con pasión e intensidad.*

4. *Adapto el modo en el que transmito en función de la importancia del mensaje.*

5. *Hago lo necesario para transmitir mi mensaje con éxito.*

6. *Tengo la capacidad de hablar con claridad y precisión.*

7. *Siempre estoy atento a que mis palabras sean entendidas.*

8. *Me hago consciente con facilidad de mis muletillas y las elimino con rapidez.*

9. *Soy plenamente consciente de la importancia del contacto visual.*

10. *Siempre establezco contacto visual con toda mi audiencia.*

11. *Soy plenamente consciente de mis manos cuando comunico.*

12. *Con mis manos siempre facilito la conexión con mi audiencia.*

13. *Sonrío habitualmente en mi día a día.*

14. *Elijo mi ropa buscando que pase desapercibida para mi audiencia.*

15. *Hago uso del espacio del que dispongo cuando comunico.*

16. *Tengo la capacidad de estar centrado con independencia de si me escuchan o no.*

17. *Identifico con rapidez cuando el público se distrae.*

18. *Sé lo que tengo que hacer, y lo hago, para recuperar la atención del público.*

19. *Disfruto incluso cuando el público desconecta.*

20. *Me mantengo seguro y enfocado ante la indiferencia de la gente.*

21. *Acepto que cada uno tiene sus prioridades y sus intereses.*

22. *Siempre busco reforzar el impacto en mi audiencia a través de anécdotas e historias personales.*

23. *Me resulta fácil encontrar anécdotas para transmitir mis ideas.*

24. *Hago participar al público para que se lleve una experiencia.*

25. *Cuanto más hago participar al público mayor es el impacto.*

26. *Utilizo el humor y las emociones para generar mayor conexión con mi audiencia.*

27. *Utilizo videos solo cuando me permiten reforzar el mensaje, y son proporcionados en duración.*

28. *Me siento seguro con los conocimientos que tengo cuando me enfrento a las preguntas de mi audiencia.*

29. *Está bien no tener la respuesta a todas las preguntas.*

30. *Pudo sentirme cómodo sin saberlo todo.*

31. *Las preguntas de la audiencia me permiten transmitir mis conocimientos con mayor claridad.*

32. *Las preguntas del público son una oportunidad para brillar.*

33. *Me siento cómodo cuando me preguntan.*

34. *Me siento cómodo aun sin saberlo todo.*

35. *Me mantengo tranquilo y calmado cuando me critican.*

36. *Respeto la crítica y las opiniones de los demás, sean del tipo que sean.*

37. *Mantengo mi autoestima ante la crítica y las opiniones de los demás.*

38. *Mantengo mi estado de ánimo ante la crítica de los demás.*

39. *Soy humilde y reconozco que hay cosas que desconozco.*

40. *Soy consciente de las preferencias de lenguaje de mi audiencia, y las utilizo para generar mayor impacto.*

41. *Soy consciente del impacto negativo que la resonancia emocional puede tener en mi audiencia.*

42. *Evito toda resonancia emocional negativa en mi audiencia.*

43. *Organizo el lugar con antelación, buscando generar el mayor impacto.*

6

Tu comunicación paso a paso

Antes de intentar conectar con los demás,
conecta contigo mismo.

El primer paso para comunicar con los demás es conectar con nosotros mismos. Permitirnos ser y disfrutar siéndolo en todos los momentos de la comunicación.

Estilos de comunicación hay muchos, y muy diversos. Desde los que comunican con pasión, manteniendo a su audiencia en unos niveles de frecuencia cerebral elevada, a los que lo hacen desde la paz y relajación.

El éxito radica en ser tú mismo, manteniéndote en coherencia con todos los elementos que hemos ido repasando. Hazlo de ese modo, y la conexión con tu audiencia se dará.

Intentar mostrarte como no eres, o lo que es lo mismo, actuar delante de tu audiencia, es necesario en el cine y en el teatro, pero nunca debes hacerlo fuera de esos ámbitos. Tanto a nivel personal como profesional, debes ser tú mismo y mostrarte con integridad y coherencia.

Lo que has ido trabajando en los capítulos anteriores busca que tu subconsciente sea tu mejor aliado en todo momento, y que puedas fluir cuando comunicas.

El nerviosismo, la ansiedad o la inseguridad que podías tener al enfrentarte a determinadas situaciones, a buen seguro habrá ido reduciéndose, o quizás haya desaparecido casi por completo. Si no fuese así, tranquilo, cuando te encuentres ante una oportunidad para comunicarte, verás que cada vez lo haces mejor.

Si, por ejemplo, nunca has hablado en público, o las experiencias que has tenido cuando lo has hecho te han resultado dolorosas, es normal que ahora te aceche una cierta incredulidad y estés dándole vueltas a si realmente vas a ser capaz de hacerlo. Tu experiencia previa te dice que no, por lo que tus argumentos internos apoyan más el no que el sí.

Simplemente confía en que tu subconsciente te guiará para vivir esa experiencia de un modo diferente. Y recuerda siempre que, cuantas más veces lo hagas, más fácil te resultará y mejor te saldrá.

En este último capítulo vamos a ver paso a paso lo que debes hacer cuando tengas que impartir una charla o una conferencia. Piensa que el proceso es similar si lo que debes hacer es una reunión de trabajo, una reunión con la maestra de tus hijos, o una conversación con tu pareja en la que quieras tratar un tema importante.

1. PREPÁRALO ADECUADAMENTE

Toda comunicación debe ser preparada adecuadamente. Recuerda que el cincuenta por ciento del éxito está en la preparación previa, así que préstale la debida atención y dedicación.

En este punto deberás tener presentes los elementos comentados en el capítulo cuatro. Todos ellos son importantes, pero recuerda especialmente los siguientes:

- Antes de comenzar a preparar tu comunicación, **identifica con claridad lo que te mueve, y el objetivo que persigues** a través de ese acto.
- **Identifica quién compone tu audiencia**, si es homogénea, y si hay algo que la caracteriza.
- **Redacta una microdeclaración**, que te permita poner en diez segundos el mensaje que desees que se lleven.
- **Identifica los elementos clave** que debe incluir tu presentación, filtrando todos los que no tengan cabida. Recuerda que esto debes hacerlo teniendo en cuenta el objetivo, el tiempo del que dispones, y la audiencia que tendrás delante.
- **Estructura el mensaje** para que tanto a ti como a tu audiencia os resulte fácil de recordar y transmitir.
- **Escribe la presentación** tal cual te gustaría transmitirla. Recuerda que lo que escribas tan solo forma parte de la preparación previa, y cuando estés ante tu audiencia, muy probablemente lo dirás de un modo diferente.

- **Redacta el aguijonazo inicial** para captar el interés de todos los participantes. Recuerda que cuanto más público tengas delante, más importancia tiene el aguijonazo inicial.
- **Redacta el aguijonazo final** que conecte a tu audiencia con su necesidad de hacer aquello que tú deseas, incluso llevándolos a experimentar una conexión emocional.
- **Ensaya, ensaya y ensaya.** No te olvides nunca de ensayar antes de realizar tu discurso. Recuerda que ensayar te permite activar y reforzar las redes neuronales que después utilizarás. Y, por otro lado, te permite medir los tiempos que dura tu intervención.

Recuerda también que tu mensaje debe ser interesante para el público al que va dirigido; que debes tener previamente, o bien ganarte durante tu intervención, la credibilidad necesaria; que debes preparar tu intervención para conectar con las personas auditivas, visuales y kinestésicas; y que, si utilizas un apoyo visual tipo PowerPoint, no debería ser tan atractivo como para hacerte la competencia a la hora de captar la atención de tu audiencia.

2. LLEGA CON TIEMPO

Llega al lugar donde vas a realizar tu intervención con el tiempo suficiente para organizar la sala, verificar el correcto funcionamiento de la tecnología que vayas a utilizar, y preparar todo lo necesario.

Recuerda que los asistentes deberían estar juntos, orientados directamente hacia ti, y a ser posible con la posibilidad de que conecten entre ellos con la mirada. Y por supuesto, evita que haya un elevado porcentaje de asientos vacíos.

3. ANTES DE SALIR A ESCENA

Antes de salir, siéntete orgulloso por la preparación que has realizado. Buena parte del trabajo ya la has hecho. Ahora tan solo falta la otra parte, mostrar ese trabajo ante los demás.

Si te sientes algo inquieto puedes utilizar tu respiración para relajarte. Realiza lentamente varias respiraciones abdominales, inspirando por la nariz, llenando el estómago de aire, y expulsándolo por la boca.

No bebas alcohol ni bebidas energéticas o estimulantes, ya que tus capacidades de expresión y del uso del lenguaje pueden verse afectadas.

No bebas demasiada agua, y ve al baño antes de salir a escena.

Apaga o pon en modo avión el teléfono móvil, para evitar cualquier tipo de interferencia durante tu intervención.

Conecta con el objetivo que persigues estando ahí. Este es el segundo momento importante en el que debes conectar con el objetivo. El primero fue antes de iniciar la preparación de tu intervención.

En función del modo en que vayas a aparecer en escena, deberás prepararte para sintonizar con esa energía.

Si, por ejemplo, pretendes salir a escena muy energizado, deberás aumentar tu energía y de paso relajar tu tensión, saltando, moviéndote, empoderándote con mensajes positivos, etc.

En caso de que pretendas salir a escena con un nivel de frecuencia cerebral bajo, te irá bien realizar algún ejercicio de relajación o meditación para conectarte contigo mismo.

Y por fin, lleva tu pensamiento a concentrarse exclusivamente en la primera frase, el aguijonazo inicial que has preparado y que transmitirás tal cual lo has diseñado.

4. PREPARACIÓN DE TU AUDIENCIA

Preparar adecuadamente a tu audiencia antes de que tú aparezcas en escena es un factor clave en algunas situaciones para que la conexión se pueda establecer desde el inicio.

Si pretendes aparecer en escena en un nivel vibracional especial, ya sea en un nivel elevado, o bajo, deberás tener a tu audiencia en ese mismo nivel en el momento de tu aparición. De lo contrario, la desconexión será total.

La persona encargada de hacer eso, que no serás tú, debe tener muy claro el objetivo, y debe actuar de manera adecuada para lograrlo.

Probablemente sepas quién es Eckhart Tolle, autor de *El poder del ahora*. Cuando imparte conferencias, lo hace desde la calma, con un modo de actuar totalmente pausado. El público, que llega con sus preocupaciones y tensiones del día a día, se encuentra por lo general en un nivel de frecuencia cerebral mucho más elevado que el usado por Eckhart. Si saliese a escena sin una preparación previa del público para que se relaje y baje su frecuencia cerebral, buena parte de la audiencia se desesperaría en los primeros minutos, y la desconexión sería prácticamente total.

En el otro extremo podríamos acordarnos de Anthony Robbins, que aparece en escena saltando y gritando. Es evidente que si el público no hubiera sido preparado para estar en sintonía con él, la desconexión de la mayoría sería total.

Al igual que sucede con los teloneros en los conciertos, que animan a los asistentes para que ya estén sintonizados con el grupo principal en el momento en que aparece en escena, la persona que te presenta juega un papel clave cuando es preciso llevar a la audiencia a un nivel energético específico.

Si tu entrada se produce en un nivel de frecuencia «normal», ni muy elevado ni muy bajo, el papel del presentador quizás se limite a generar en el público expectativa e interés, al tiempo que transmite tu credibilidad.

La preparación de tu audiencia es algo que no has de hacer tú, pero que debes tener totalmente controlado.

5. APARICIÓN

Cuando te presenten, antes de levantarte y dirigirte hacia el lugar desde el que realizarás tu intervención, espera dos o tres segundos. Haciendo esto lograrás que buena parte de la audiencia inconscientemente te esté buscando con la mirada, lo que genera conexión contigo antes incluso de comenzar a hablar.

Si dejas pasar más de tres segundos antes de levantarte, el público se hará consciente de que te está buscando y no apareces, y eso genera lo contrario, desconexión.

Una vez que te levantes, camina con energía, espalda recta, cabeza erguida, y esboza una sonrisa. Haciéndolo de este modo mantendrás la conexión con tu audiencia.

Si caminases lentamente, o si tu postura llamara la atención por algo «raro», el pensamiento de la audiencia conectaría con tu forma de actuar o tu postura, y eso generaría desconexión.

Si vas a realizar una conferencia en un auditorio, quizás tengas la opción de elegir el lugar desde el que apareces. Si es así, es siempre mejor aparecer desde la primera fila del público que desde detrás del escenario. Cuando apareces desde la primera fila, existe conexión instantánea con el público. En cambio, si lo haces desde detrás del escenario, no se da conexión previa alguna.

6. AL LLEGAR AL ESTRADO

Al llegar al estrado, antes de iniciar tu intervención establece contacto ocular con el público, y observa si están preparados para que comiences.

Si observas que el público está hablando, o si hay personas en pie, espera en silencio, mirando hacia el lugar donde estas personas se encuentran. No les hagas callar ni sentar. En este momento debes demostrar tu control sobre la situación a través de tu silencio.

Lo habitual ante esa situación es que otras personas del público, que sí están pendientes y deseosas de que comiences, les hagan callar o sentar.

Una vez que ya todo el público esté pendiente de ti, puedes comenzar.

7. PRONUNCIA LA PRIMERA FRASE

Inicia tu intervención con el aguijonazo inicial que tienes preparado. Debes decir la frase tal cual la habías diseñado y ensayado.

No caigas en el típico error de iniciar dando las gracias a los organizadores o a las autoridades presentes. Eso es lo que hace todo el mundo, por lo que si lo haces serás uno más, y muchos de los presentes desconectarán.

En cambio, si no das las gracias al inicio, inconscientemente en todos los presentes quedará una huella de que eres distinto al resto de ponentes.

Si te ves obligado a dar las gracias porque, de no hacerlo sería considerado una falta de respeto, utiliza una de estas dos técnicas:

- Da las gracias en medio de tu discurso, cuando ya lleves hablando al menos cinco minutos.
- Da las gracias antes de iniciar tu conferencia, pero desde un lugar distinto al que utilizarás para la conferencia. Tras dar las gracias protocolarias te quedas en silencio, y te desplazas hasta el lugar desde el que vas a dar inicio a tu intervención. Haciendo esto, vuelves a captar la atención de buena parte de los que desconectaron con las gracias.

8. DURANTE LA CONFERENCIA

Mientras realizas tu intervención, recuerda hacer uso del espacio, evitando quedarte tras un atril, o sentado detrás de una mesa.

Debes moverte por el escenario, pero de un modo controlado. Recuerda que el movimiento continuo lleva a muchos de los presentes a conectar con lo que haces, dificultando su concentración en el mensaje que estás transmitiendo.

La ubicación ideal es en una posición céntrica, donde puedas ser el centro de las miradas de los presentes de un modo natural, y desde ahí moverte ligeramente hacia ambos lados para generar proximidad con las personas que están ubicadas en los laterales de la sala.

Recuerda jugar con la intensidad emocional, el volumen de voz y el ritmo. Ralentiza el ritmo y baja el volumen con argumentos importantes. En cambio, utiliza un volumen más elevado y una velocidad mayor con las cosas no importantes.

Debes ser receptivo en todo momento y saber leer lo que sucede en tu audiencia, su estado de ánimo. En función de la atención que te prestan y a la expresión de sus caras, sabrás si el mensaje está llegando o no, y si se aburren o están totalmente conectados contigo. Esta información te ayudará a ir ajustando tu estrategia, y utilizar los recursos que consideres necesarios para captar de nuevo la atención del público, cuando sea preciso.

9. Preguntas del público

Una vez que has llevado a cabo tu intervención, y antes de cerrar con el aguijonazo final, procederás a abrir el turno de preguntas, si es que así lo has decidido.

Recuerda que las preguntas del público son un regalo maravilloso, que te permitirá, si lo haces bien, ganarte a esa parte de la audiencia a la que todavía no habías convencido.

En caso de haber preguntas, debes estar preparado para responderlas, especialmente las más embarazosas o desafiantes que te pudieran plantear. Esas preguntas que son enviadas como dardos envenenados, son los regalos más preciados, y si me permites el símil, suman el mayor número de puntos en tu marcador final.

Permítete fluir con las preguntas del público, manteniendo en todo momento la calma, y actuando desde el respeto, la valoración, y el interés por ayudar a tu audiencia a resolver sus dudas.

10. Cierra con el aguijonazo final

Tras las preguntas del público debes retomar la conferencia, no más de tres minutos, para enlazar de nuevo con el mensaje principal y cerrar con el aguijonazo final que tenías preparado.

Considera que las preguntas del público forman parte de la conferencia, y que están situadas siempre antes del cierre, pero en ningún caso deben ser el cierre. En consecuencia, evita a toda costa cerrar con la típica frase «Si no hay más preguntas, damos por cerrada la sesión».

★

Como hemos visto, comunicar con éxito va mucho más allá de desarrollar la oratoria, o de ser capaz de hablar ante tu audiencia.

Comunicar con éxito requiere, ante todo, tener desarrollada la capacidad de conectar contigo mismo, para transmitir desde la coherencia, permitiendo que sea tu subconsciente quien lleve las riendas de un modo fluido y armonioso.

Desarrollar la confianza y seguridad en ti mismo, y en tus habilidades para comunicarte, es el primer paso que hemos dado en tu proceso de transformación. Si careces de confianza y seguridad, cualquier acto de comunicación se puede convertir en una verdadera tortura.

Teniendo ya la base, pudimos adentrarnos en los otros dos elementos necesarios. Saber preparar tus comunicaciones, y lograr que haya coherencia en el momento de llevarlas a cabo.

Como has podido experimentar, el equilibrio entre los conocimientos conscientes y las instrucciones dirigidas a tu subconsciente se mantiene a lo largo de todo el libro. Uno sin el otro estaría cojo, y los resultados serían limitados.

Tu subconsciente es la clave para comunicar ante tu audiencia de forma armónica y coherente, y tu mente consciente es clave en la preparación previa de la comunicación.

Volviendo a los tres papeles que debemos asumir en cualquier comunicación: guionista, director y actor, la preparación previa es obra del guionista, conjuntamente con el director, mientras que la acción directa de comunicar es obra del actor, pero supervisada en todo momento por el director, por si hubiera que cambiar de estrategia, o introducir algún recurso nuevo en algún momento.

El guionista y el director son gestionados principalmente por tu mente consciente, mientras que el actor debe ser guiado por tu mente subconsciente.

Con lo que has aprendido e interiorizado, ahora permítete aceptar el reto de ponerte ante situaciones diversas en las que debas comunicarte. Al principio el reto puede darte un poco de vértigo, pero te garantizo que en el momento que lo hagas, tus sensaciones serán muy diferentes a las que tenías anteriormente.

Antes de finalizar, le vas a preguntar a tu subconsciente usando el test muscular, cuál es tu punto de llegada.

Como recordarás, en la primera parte del libro, cuando aprendiste a utilizar el test muscular, te pedí que interrogaras a tu subconsciente si tenías o no interiorizadas varias creencias relacionadas con la capacidad de comunicarte de forma exitosa.

Lo que vas a hacer ahora es preguntarle a tu subconsciente lo mismo que en aquel momento, y hacerte de este modo consciente de cómo la transformación que has venido realizando tiene un cierto impacto a nivel subconsciente.

Recuerda que debes leer cada una de las creencias del cuadro y simplemente observar la respuesta que tu subconsciente te da a través del test muscular, sin valorarlas o juzgarlas. Anotarás las respuestas que vayas obteniendo en la columna «Punto de llegada».

	PUNTO DE LLEGADA
1. Merezco disfrutar hablando en público.	
2. Sé transmitir mis ideas con claridad y convicción.	
3. Soy un excelente comunicador.	
4. Confío en mí mismo.	
5. Disfruto hablando en público.	
6. Siempre preparo con antelación todas mis comunicaciones.	
7. Me siento bien siendo observado.	
8. Me resulta fácil captar la atención del público.	
9. Las preguntas del público son un regalo y una oportunidad para brillar.	
10. Me siento bien sin esperar ser reconocido.	

Si comparas las respuestas que acabas de obtener con las obtenidas antes de iniciar el proceso de transformación, es probable que haya bastantes cambios. En cualquier caso, lo importante no son estos cambios a nivel de creencias, sino el efecto que en tu día a día las nuevas creencias que te acompañan te permitirán generar.

★

El papel de nuestro subconsciente es mucho más relevante de lo que la mayoría de personas conoce. Nuestro subconsciente dirige nuestra vida en todos los ámbitos en los que nos desarrollamos, siendo responsable directo de las emociones que sentimos, de las reacciones que tenemos, de las personas que atraemos a nuestra vida, o de las metas que logramos. Y curiosamente, es un gran desconocido para la mayoría.

Tenemos el poder de dirigir nuestra vida, convertirnos en la persona que queramos ser, y crear nuestra realidad a nuestro gusto. Por favor, no renuncies a utilizar ese poder.

Te invito a que tu proceso de cambio no se quede en lo logrado con este libro. Ve más allá y cambia todo lo que desees en tu vida. Puedes hacerlo a través de mis otros libros de transformación o, por supuesto, aprendiendo directamente el método INTEGRA para aplicarlo con cualquier objetivo que desees.

Y para finalizar, permite que te lo repita:

No renuncies nunca al poder creador que tienes.

Método INTEGRA

uando descubrí el poder del subconsciente y lo fácil que resulta acceder a él, decidí hacer llegar esa información a millones de personas para que pudieran beneficiarse por sí mismas. Así nació Método INTEGRA.

Además de una metodología de transformación a nivel subconsciente, Método INTEGRA es una organización compuesta por cientos de instructores en todo el mundo, que trabajamos para

elevar el nivel de conciencia del planeta, a través del amor, el respeto y la colaboración.

El camino que hemos decidido seguir es el de acompañar a quienes lo deseen en sus procesos de transformación, así como de capacitarlos para que cada uno pueda llevar a cabo la transformación que desee en su vida. Se trata de dos caminos paralelos y complementarios, que se concretan en los dos tipos de cursos que impartimos en Método INTEGRA:

- Cursos dirigidos a aprender cómo funciona, y a tomar el control de nuestra mente subconsciente.

Esta enseñanza se estructura en distintos niveles, y todos tienen en el nombre del curso *Método* INTE-GRA *(básico, intermedio y superior)*.

- Cursos y talleres que guían a los participantes en procesos de transformación específicos, para alcanzar determinados objetivos. Haciendo uso de la propia metodología de transformación, cada uno de estos cursos y talleres persigue objetivos de transformación diferentes. *Comunica con éxito, Apunta alto, Recupera tu poder personal* y *Un curso de felicidad* son algunos de los cursos y talleres que ofrecemos con este enfoque.

En nuestra página web encontrarás información de los distintos cursos y talleres que impartimos, así como datos de contacto de muchos de nuestros instructores.

www.metodointegra.com

Llegar a millones de personas exclusivamente a través de cursos presenta un cierto grado de dificultad, por lo que desde el primer momento he apostado por otros caminos para facilitar estas herramientas de empoderamiento.

Los *libros* son un camino perfecto para hacer llegar la información a muchas personas. El nivel de detalle que se puede alcanzar en ellos, así como la posibilidad de leer la información varias veces, convierte este medio en una gran oportunidad. Son varios los libros de transformación que, además de este que tienes en tus manos, tengo publicados. Todos ellos te guían en un proceso de transformación interior a nivel del subconsciente. *Recupera tu poder personal, Un curso de felicidad, Apunta alto* y *El alma de la salud* forman una colección de libros de transformación, que te permitirán realizar grandes cambios en tu vida.

El libro *Método INTEGRA* te ofrece parte de la metodología en su nivel básico. Te muestra cómo funciona el subconsciente, y cómo debes abordar una transformación utilizando tus recursos internos.

Aun con títulos idénticos, el contenido de los cursos y los libros presenta importantes diferencias. Los cursos y talleres son dinámicos, y además de la transformación realizamos actividades adicionales que nos permiten vivenciar en mayor medida la experiencia.

Internet es un medio que nos permite impactar en la vida de muchas personas. No todo el mundo tiene la capacidad para acceder a los cursos, o incluso a los libros. Es por esta razón que a través de los videos en mi canal de youtube explico abiertamente cómo utilizar muchas de las técnicas que enseñamos en Método INTEGRA. En general, todo aquello que puede ser aplicado con facilidad y sin riesgo, lo explico en videos.

Los *proyectos solidarios* que, por medio de los instructores, llevamos a cabo en distintos países, son un camino más para alcanzar nuestra misión de elevar el nivel de conciencia del planeta.

Te invito a que te continúes dando la oportunidad de experimentar, y saber de primera mano, todo lo que puedes lograr cuando alineas tu subconsciente con la vida que deseas tener. Te garantizo que lo disfrutarás.

INFORMACIÓN DE CONTACTO DE RICARDO EIRIZ Y MÉTODO INTEGRA

Ricardo Eiriz
info@metodointegra.com

Para asistir a los **cursos y talleres**, o para organizar un curso en tu zona, escríbenos a:

cursos@metodointegra.com

o consulta la programación de cursos
en nuestra página web:

www.metodointegra.com

Para informarte sobre **sesiones privadas**
con un facilitador,
visita nuestro directorio de instructores y
facilitadores en nuestra página web:

www.metodointegra.com

o escríbenos a:

info@metodointegra.com

Anexo 1

Test muscular del balanceo

El test muscular del balanceo es considerado por muchos como el test muscular más sencillo, y permite identificar las respuestas *sí* y *no* desde un primer momento y sin experiencia previa.

Se trata de un test muscular con ventajas importantes respecto a otros. En primer lugar, porque es un método de autotest, lo que te permitirá realizarlo sin la ayuda de nadie. Como ya hemos dicho, te permite obtener respuestas sin experiencia previa. Y, además, las respuestas suelen ser evidentes para quien lo hace y también para aquellos que lo observen, por lo que resulta idóneo también si te planteas guiar a un tercero.

Cuando lo practiques, hazlo de forma relajada y concentrada, estando abierto a cualquier respuesta que te dé.

Para realizar el test del balanceo, ponte de pie, en posición vertical, asegurándote de estar cómodo y relajado. El lugar en el que estés debe ser tranquilo y libre de distracciones. Evita hacerlo en lugares donde haya gente, ya que eso te podría desconcentrar.

A continuación, permanece de pie, con tus pies separados, en paralelo uno con el otro, a la misma distancia aproximada que los hombros, y las manos colgando a los costados, sin tensión. Realiza varias respiraciones profundas dejando ir todas tus preocupaciones, relajando tu cuerpo y centrando tu conciencia en las plantas de los pies. Cierra los ojos si tienes gente a tu alrededor, si te sientes más cómodo o si te ayuda a concentrarte.

En pocos segundos notarás que es casi imposible permanecer completamente quieto. Tu cuerpo cambiará su posición continuamente de manera suave en diferentes direcciones, mientras tus músculos trabajan para mantener su posición vertical. Notarás que esos movimientos son suaves y no están bajo tu control consciente.

Cuando hagas una afirmación positiva, verdadera o congruente, o cuando pienses en algo agradable, tu cuerpo se balanceará en alguna dirección —adelante, atrás, hacia un costado— o simplemente se quedará quieto. La respuesta suele ser bastante rápida, unos pocos segundos son suficientes.

Si la afirmación que haces es negativa, falsa o incongruente, así como cuando pienses en algo desagradable, tu cuerpo se balanceará en la dirección opuesta, o bien realizará un movimiento diferente.

La mayoría de personas refieren la respuesta afirmativa con un balanceo hacia delante, y la negativa con un balanceo hacia atrás, pero puede producirse cualquier tipo de movimiento. Incluso la respuesta a uno de los estímulos (positivo o negativo) podría ser no moverse.

Si es la primera vez que utilizas el test muscular es normal tener ciertas dudas respecto a si eres tú mismo quien está generando las respuestas según tus expectativas. A medida que lo vas utilizando, y especialmente cuando aparecen respuestas que te sorprenden, esas dudas desaparecen.

La velocidad y la intensidad a la hora de producirse el movimiento del cuerpo son distintas en cada persona, e incluso pueden ser diferentes en función del estímulo recibido. Por lo tanto, debes estar abierto a cualquier posible respuesta, manteniéndote tranquilo y confiado.

Es importante también que mantengas la boca húmeda en todo momento. Una ligera deshidratación en la boca puede interferir con el impulso electromagnético generado por tu subconsciente, lo que impediría la reacción muscular.

En caso de dificultad para observar el movimiento, prueba a juntar los pies, saliéndote de tu posición de equilibrio natural. Eso favorecerá el que tu cuerpo se pueda mover con mayor facilidad.

El test muscular, al igual que ocurre con el polígrafo, requiere siempre de la realización de unas preguntas de control para conocer cuál es el movimiento correspondiente a las respuestas *sí* y cuál es el que se obtiene con las respuestas *no*. A esto se le llama calibrar.

Las que tienes a continuación son algunas pruebas que te permitirán llevar a cabo la calibración de forma fácil:

- Di mentalmente o en voz alta, «Me llamo XXX», utilizando primero tu nombre real y después otro falso.
- Piensa en alguien que ames, y luego en alguien que odies, a quien temas o por quien sientas resentimiento.
- Pídele a tu subconsciente que te dé una respuesta *SÍ*, y luego haz lo mismo con el *NO*.
- Di, «Hoy es (día de la semana correcto)», y luego hazlo con otro día incorrecto.

Puedes probar con cualquier otra afirmación o estímulo físico, mental o emocional que se te ocurra. A medida que vayas obteniendo respuestas comenzarás a identificar el verdadero potencial de esta herramienta.

Anexo 2

Liberación de traumas emocionales

El proceso de liberación de traumas emocionales que vas a utilizar fue desarrollado por Ricardo Eiriz, y forma parte de Método INTEGRA. Nació como respuesta a la necesidad de liberar traumas de un modo fácil y rápido en las sesiones de transformación a nivel subconsciente.

Se trata de una técnica fácil de aplicar, que además de ser utilizada por profesionales, también puede ser usada en casa. El hecho de no tener que conectar con el evento doloroso del pasado que está en el origen del trauma facilita la liberación del mismo sin sufrimiento, y permite hacerlo con mayor rapidez y facilidad.

Para aplicar esta técnica tan solo necesitarás disponer de un lugar reservado y tranquilo, sin que haya en tu campo visual ningún foco intenso de luz, y tener a mano un pequeño imán.*

---

* Es válido cualquier imán de escasa potencia, ya sea de ferrita o neodimio, como los imanes publicitarios, o los de recuerdo de viajes, que acostumbramos a colocar en el frigorífico.

La base neurológica que explica la efectividad de esta técnica es muy simple, y parte de que cada lugar en el que orientamos nuestra mirada nos lleva a establecer una conexión directa con un punto específico del cerebro. En consecuencia, un movimiento lento de los ojos, tal como indicaremos a continuación, nos permite recorrer todo el cerebro, y también detectar los puntos que están permanentemente activados por el trauma.

La desactivación de todos y cada uno de esos puntos nos lleva a deshacer por completo la red neuronal que permite la manifestación emocional del trauma. Una vez desactivada dicha red neuronal, como por arte de magia, el trauma desaparece de forma permanente.

El tiempo necesario para llevar a cabo este proceso depende de cada persona, así como del tamaño de la red neuronal a liberar. Lo habitual es que dure escasos minutos, aunque en ocasiones puede alargarse por más de una hora. En cualquier caso, se trata de una inversión en tiempo mínima considerando el resultado que te permite alcanzar.

Antes de aplicar esta técnica por primera vez, lee todos los pasos a fin de entender el proceso en su totalidad.

La liberación de un trauma siempre debes realizarla a partir de un objetivo concreto, y no de forma general para liberar a la vez todos los traumas que puedas tener. Hacerlo de este modo te permitirá liberar cada trauma en un tiempo razonable, generando confianza en ti mismo de que lo estás haciendo bien.

PROCESO DE LIBERACIÓN DE TRAUMAS EMOCIONALES

Paso 1. Calibrar sí/no

Lo primero que debes hacer es identificar claramente las respuestas *sí* y *no* que obtienes a través del test muscular (TM).

Paso 2. Saber si existe un trauma emocional

Habiendo definido previamente el ámbito en el que quieres trabajar (el objetivo), debes preguntar por medio del TM si existe algún trauma emocional.

TM: ¿Tengo un trauma emocional en cualquier nivel que me impida alcanzar este objetivo?

En caso de obtener una respuesta afirmativa, debes continuar con el paso siguiente.

Si la respuesta es negativa, no existe el trauma, por lo que el proceso acaba aquí.

Paso 3. Obtener el permiso para liberarlo

Será tu subconsciente quien te indique el momento apropiado para liberarte de ese trauma. Para saber si puedes o no hacerlo en este momento, pregúntale utilizando el TM.

TM: ¿Puedo liberarlo ahora con el proceso de liberación de traumas?

En caso de no poder liberarlo ahora, podría ser por falta del tiempo o de la tranquilidad necesaria, por lo que te recomiendo que lo intentes en otro momento.

Paso 4. Proceso de Liberación

Una vez que tu subconsciente te ha dado el permiso para proceder con la liberación, vas a identificar y desactivar uno a uno los distintos puntos, a nivel cerebral, que la red neuronal del trauma mantiene activados. Hazlo del siguiente modo:

 Con los **párpados cerrados, mueve muy lentamente los ojos** de lado a lado, haciendo un **movimiento de zigzag**, que comienza en el nivel superior, y va bajando poco a poco.

Haz un barrido lento de lado a lado, buscando recorrer gradualmente todo el campo visual en busca de los puntos de activación del trauma que vayan apareciendo.

Los puntos de activación los identificarás al percibir en los ojos cualquier señal de los siguientes tipos:

- Alteraciones en el movimiento, que debería ser siempre lento, lineal y suave. Por ejemplo, si los ojos se detienen, si saltan de un punto a otro,[*] o si te cuesta avanzar hasta una determinada zona.
- Aparición de colores, luces, texturas diferentes o incluso imágenes que surjan de forma repentina.

---

[*] En caso de que esto ocurra, el punto de activación del trauma es el punto de origen del salto.

- Reacciones físicas en cualquier lugar del cuerpo como tensión en algún músculo, dolor, parpadeo, etc.
- Reacciones a nivel emocional. En estos casos es muy importante no conectarte con la emoción, sino simplemente utilizarla para identificar el punto, y proceder de inmediato a poner la intención de desactivar el trauma también en ese punto.

En el momento que percibas cualquiera de estas señales, **mantén la mirada en ese lugar**, mientras **repites mentalmente** «*desactivo este trauma emocional*», al tiempo que **te pasas un imán** desde el entrecejo hasta la nuca tres veces.

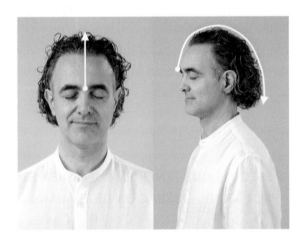

A continuación, continúa moviendo lentamente los ojos en busca de algún otro punto de activación.

Libera cada punto que vaya apareciendo, y continúa así hasta que haciendo el recorrido completo por el campo visual no aparezca ningún punto de activación. En otras palabras, cuando llegues al final del recorrido por todo el campo visual, si por el camino ha aparecido algún punto, vuelve a iniciar el recorrido.

Paso 5. Verificar la liberación

Una vez que hayas realizado el recorrido completo por todo el campo visual sin identificar punto de activación alguno, verificarás por medio del TM si el trauma ha sido liberado totalmente.

TM: ¿El trauma emocional ha sido totalmente liberado?

En caso de no haber sido totalmente liberado, vuelve al punto anterior y continúa hasta que no aparezcan nuevos puntos de activación.

Una vez que el trauma ha sido liberado, felicidades, ya te has desecho de un freno importante que te impedía alcanzar el objetivo trabajado.

ASPECTOS QUE TENER EN CUENTA EN EL
PROCESO DE LIBERACIÓN DE TRAUMAS

Muy importante: mientras desarrolles el proceso de liberación de traumas no debes buscar recuerdos ni emociones de ningún tipo. La atención debes ponerla en todo momento en la búsqueda de los puntos y en la desactivación del trauma. El recuerdo asociado al origen del mismo no solo no debe importarte, sino que además puede ser contraproducente acceder a él en este momento.

Pon atención a que el movimiento de los ojos sea muy lento. Cuanto más lento, con mayor facilidad percibirás los puntos de activación.

El número de puntos a identificar, así como el tiempo que dure este ejercicio, depende de cada persona, y del trauma que se deba liberar.

En caso de dificultad para realizar el ejercicio con los ojos cerrados puedes intentarlo con los ojos abiertos, habiendo eliminado previamente todos los estímulos visuales que se encuentren en tu campo visual. Puedes ponerte para ello frente a una pared lisa.

Es normal percibir un cierto dolor o malestar en los ojos después de varios minutos realizando el proceso. Se debe a que estamos activando la musculatura ocular de un modo distinto al que acostumbramos. En caso de sucederte, basta con hidratarte bien y reposar durante unos minutos una vez que hayas finalizado, para que el malestar desaparezca.

Para practicar con esta técnica antes de realizar el proceso con el objetivo real de este libro, te recomiendo que lo realices con alguno de los siguientes objetivos:

- Confiar en mí mismo y en mi potencial.
- Confiar en los resultados que puedo alcanzar cambiando mi programación subconsciente.

- Sentirme seguro utilizando las técnicas descritas en este libro.
- Sacar el máximo provecho de este libro.

Si en tu vida hubieras vivido una situación muy fuerte a nivel emocional, con independencia del ámbito en el que te pudiera estar condicionando, puedes utilizar esta técnica para liberarte del trauma emocional generado como consecuencia de dicha experiencia. Para ello, en el paso 2 deberías preguntar:

TM: ¿Tengo un trauma emocional, en cualquier nivel, generado como consecuencia de este suceso?

En caso afirmativo continuarías con el proceso de liberación en el paso 3.

Anexo 3

Liberación de bloqueos emocionales

L a técnica de liberación de Bloqueos Emocionales que vas a utilizar es el RESET EMOCIONAL. Se trata de una técnica exclusiva del método INTEGRA, creada por Ricardo Eiriz con el objetivo de guiar en grupo a los asistentes a los cursos, en la liberación de sus bloqueos emocionales.

Como si de un *reset* informático se tratara, por medio del cual se libera toda la información almacenada en la memoria del ordenador, procederemos a liberar las memorias emocionales que nos frenan, sin tener que identificar una a una las emociones que componen cada bloqueo, y mucho menos acceder al recuerdo del suceso en el que se generaron.

Por medio del RESET EMOCIONAL liberamos todas aquellas emociones latentes que llevamos cargando, y que están relacionadas con el objetivo perseguido.

Cada lugar en el que fijamos nuestra mirada durante el proceso nos permite conectar con distintos lugares del cuerpo, acceder a determinadas frecuencias energéticas, y liberar un determinado grupo de emociones. Hacerlo secuencialmente, fijando nuestra mirada en distintos puntos, nos permite liberar de forma gradual buena parte de las emociones atrapadas que llevamos a cuestas.

A diferencia de lo que hacíamos con la técnica de liberación de traumas, donde buscábamos desactivar la red neuronal del trauma, lo que hacemos ahora es eliminar las energías latentes de las distintas emociones que componen el bloqueo, y que se encuentran repartidas por todo el cuerpo.

Con nuestra mirada puesta en cada punto accedemos a un lugar específico del cerebro, el cual a su vez está conectado con un órgano o lugar concreto del cuerpo. Es en este último punto, el lugar específico del cuerpo, donde realmente incide esta técnica, limpiando esas memorias celulares que allí se alojan.

Los resultados al liberar bloqueos emocionales pueden notarse de forma instantánea, especialmente cuando existe algún tipo de malestar físico o emocional que estaba causado por el bloqueo liberado, aunque en la mayoría de las ocasiones los efectos se evidencian una vez que nos encontramos ante los estímulos que activaban el bloqueo.

Pese a su sencillez, se trata de una técnica con efectos profundos y duraderos, que puedes utilizar para liberar bloqueos emocionales de todo tipo, con independencia de los efectos que te hayan causado, y de las vivencias que los hubieran generado.

Antes de aplicar esta técnica por primera vez, lee todos los pasos a fin de entender el proceso en su totalidad.

Reset emocional del Método INTEGRA

Paso 1. Calibrar sí/no

Lo primero que debes hacer es identificar claramente las respuestas *sí* y *no* que obtienes a través del test muscular (TM).

Paso 2. Saber si existe un bloqueo emocional

Habiendo definido previamente el ámbito en el que quieres trabajar (el objetivo), debes preguntar por medio del TM si existe algún bloqueo emocional.

TM: ¿Tengo un bloqueo emocional que me impida alcanzar este objetivo?

En caso de obtener una respuesta afirmativa, debes continuar con el paso siguiente.

Si la respuesta es negativa, no existe bloqueo, por lo que el proceso acaba aquí.

Paso 3. Obtener el permiso para liberarlo

Consultar mediante el TM:

TM: ¿Puedo liberarlo ahora con el Reset emocional?

En caso afirmativo, continúa con la liberación.

En caso de obtener un *no* por respuesta, podrías necesitar otra técnica para realizar la liberación. En ese caso, puedes escribirnos a info@metodointegra.com, y te enviaremos indicaciones de cómo proceder.

Paso 4. Liberación

Con los ojos cerrados, fija la mirada secuencialmente en los puntos 1 a 9. En cada punto repite mentalmente la intención de liberar ese bloqueo emocional («dejo marchar este bloqueo emocional»), y desliza tres veces un imán* desde el entrecejo hasta la nuca.

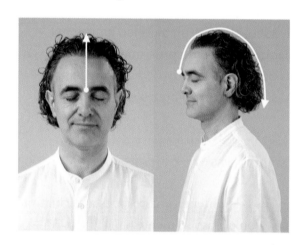

Para fijar la mirada en los nueve puntos, imagina que tienes delante una pantalla enorme y con tu mirada buscas los siguientes lugares:

Punto 1: mirada en el extremo de arriba a la izquierda.

Punto 2: mirada directamente hacia arriba.

Punto 3: mirada en el extremo arriba a la derecha.

Punto 4: mirada hacia la derecha.

---

* Es válido cualquier imán de escasa potencia, ya sea de ferrita o neodimio, como los imanes publicitarios, o los de recuerdo de viajes, que acostumbramos a colocar en el frigorífico.

Punto 5: mirada al frente.

Punto 6: mirada hacia la izquierda.

Punto 7: mirada en el extremo abajo a la izquierda.

Punto 8: mirada directamente hacia abajo.

Punto 9: mirada en el extremo abajo a la derecha.

Paso 5. Verificar la liberación

Verifica con el TM que el bloqueo emocional ha sido liberado con éxito:

TM: ¿El bloqueo emocional ha sido liberado con éxito?

En caso de obtener una respuesta *no*, repite el proceso del punto anterior (Liberación).

Con este proceso liberarás todo lo que tu subconsciente te permita liberar en este momento de forma segura.

Paso 6. Verificar la existencia de algún bloqueo adicional

Con el TM, verifica si queda algún otro bloqueo emocional que deba ser liberado en otro momento:

TM: ¿Existe algún bloqueo emocional que deba ser liberado en otro momento?

En caso de existir un bloqueo pendiente, repite el Reset emocional al día siguiente. Cuando lo hagas ve directamente al punto 3, y reemplaza la pregunta allí indicada por la siguiente: *¿Puedo liberar ahora el bloqueo emocional pendiente?*

Cada bloqueo emocional que liberamos genera un cambio vibracional en nuestro cuerpo, y si se lo permitimos, como en este caso, el subconsciente nos guía para realizar la liberación total de un modo cien por cien seguro, llevándonos a realizar la liberación total en una o en varias sesiones.

Para practicar con esta técnica antes de realizar el proceso con el objetivo real de este libro, te recomiendo que lo realices con alguno de los siguientes objetivos:

- *Confiar en mí mismo y en mi potencial.*
- *Confiar en los resultados que puedo alcanzar cambiando mi programación subconsciente.*
- *Sentirme seguro utilizando las técnicas descritas en este libro.*
- *Sacar el máximo provecho de este libro.*

Si en tu vida hubieras vivido una situación muy intensa a nivel emocional, con independencia del ámbito en el que te pudiera estar condicionando, puedes utilizar esta técnica para liberarte del bloqueo emocional generado como consecuencia de dicha experiencia. Para ello, en el paso 2 deberías preguntar:

> *TM: ¿Tengo un bloqueo emocional generado como consecuencia de este suceso?*

En caso afirmativo continuarías con el proceso de liberación en el paso 3.

Anexo 4

Grabación de creencias

Grabar creencias a nivel subconsciente es muy fácil y, de hecho, son muchos los caminos que nos permiten hacerlo. El camino tradicional pasa por la repetición, que es el camino que históricamente hemos utilizado cuando aprendemos a hacer algo.

En este anexo te enseño a grabar creencias a nivel subconsciente del modo más rápido y eficiente que conozco. Se trata de la técnica de grabación de creencias utilizada en Método INTEGRA, que te permitirá grabar cualquier creencia en pocos segundos.

Si ya conoces los procesos que utilizamos en Método INTEGRA para la grabación de creencias, observarás que el proceso que te indico a continuación difiere ligeramente de aquellos. Este proceso está diseñado para ir grabando creencias de forma individual a lo largo del libro.

Para proceder con la grabación de creencias sigue los siguientes pasos:

Paso 1. Calibrar sí/no

Lo primero que debes hacer es identificar claramente las respuestas *sí* y *no* que obtienes a través del test muscular (TM).

Paso 2. Activación cerebral

Antes de grabar una creencia, verifica con el TM que todo tu cerebro está activado. Para ello utiliza el TM con la siguiente consulta:

> *TM: ¿Tengo todo mi cerebro totalmente*
> *activado para grabar estas creencias?*

Si la respuesta es *sí*, ve directamente al paso 3.

En caso de obtener una respuesta *no*, haz la activación cerebral como te indico a continuación.

Para realizar la activación cerebral utiliza el *paso cruzado,* que facilita el transporte de energía entre los hemisferios derecho e izquierdo del cerebro, produciendo la activación conjunta o sincronización de ambos hemisferios.

El *paso cruzado* es tan fácil como andar sin avanzar, y consiste en lo siguiente:

1. De pie, levanta la pierna izquierda y lleva tu mano derecha hasta su rodilla.

2. Al bajarlos, levanta la pierna derecha y con la mano izquierda toca su rodilla.

3. Continúa con este movimiento alternando los puntos anteriores durante, al menos, **un minuto**. Mientras lo haces, respira profundamente, inspirando por la nariz y espirando por la boca. Si además pones la intención (pensamiento) «activo todo mi cerebro para las creencias que voy a grabar a continuación», estarás realizando una activación selectiva, totalmente enfocada al objetivo que persigues en cada instante.

Después de realizarlo debes verificar con el TM si ya tienes todo tu cerebro activado para grabar esta creencia, y en caso de no tenerlo vuelve a repetir el proceso hasta que te indique que sí.

En caso de tener algún impedimento para realizar este ejercicio estando de pie, puedes realizarlo sentado. Para ello levanta la rodilla derecha y tócala con la mano izquierda. Luego, bájala, levanta la pierna izquierda y tócala con la mano derecha. Continúa repitiendo este movimiento al tiempo que respiras profundamente, inspirando por la nariz y espirando por la boca. En caso de necesidad, cualquier ejercicio de *brain gym* (gimnasia cerebral) podría serte útil para alcanzar este mismo objetivo de activación cerebral.

Paso 3. Somete la creencia a un test previo

Somete al TM la creencia que deseas grabar en tu subconsciente. Para hacerlo repítela en voz alta o en silencio, y observa la respuesta de tu subconsciente.

Si obtienes un *sí*, tu subconsciente ya posee esta creencia, de modo que no sería preciso que la grabases. En cualquier caso, te recomiendo igualmente grabarla, ya que de ese modo refuerzas las redes neuronales que esa creencia utiliza.

Tanto si te indica que no la tienes (obtienes una respuesta *no*), como si deseas regrabar una creencia que ya tienes, continúa con el paso 4.

Paso 4. Grabar la creencia

Con los ojos cerrados, manteniendo separados los pies y las manos, repite tres veces la creencia en silencio. Con cada una de las frases que repitas, pásate un imán[*] desde el entrecejo hasta la nuca.

---

[*] Es válido cualquier imán de escasa potencia.

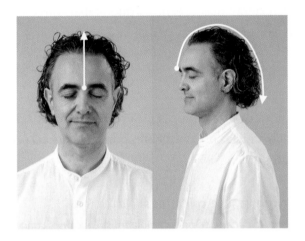

Paso 5. Confirma la grabación

Confirma por medio del TM que la creencia ha sido grabada correctamente. Para hacerlo, basta con que repitas la creencia, en voz alta o mentalmente, y observa la respuesta por medio del TM.

Si la respuesta es *no*, vuelve a pasar el imán tres veces mientras repites la creencia y vuelve a someterla al TM. Continúa repitiéndola y pasando el imán hasta obtener una respuesta afirmativa con el TM.

En caso de haber intentado grabar la creencia cuatro o cinco veces sin éxito, deja una señal en la lista de creencias que aparece al final del capítulo en el que te encuentres, y continúa con la lectura del libro. Cuando llegues al final del capítulo, en caso de haberte quedado alguna creencia pendiente, procede a grabarla de nuevo. No debería darte problemas llegado hasta ese punto.

Si tuvieras más creencias que grabar, directamente puedes volver al paso 3 y grabar la siguiente.

Ahora que ya conoces esta técnica de grabación de creencias a nivel subconsciente, ponla en práctica con las siguientes creencias:

1. *Merezco tener el control de mi vida.*
2. *Tengo la capacidad para cambiar mis reacciones cuando yo lo decida.*
3. *Acepto y asumo la responsabilidad que tengo sobre mi vida.*
4. *Me amo y me respeto.*
5. *Tengo grandes capacidades para comunicar en cualquier entorno.*
6. *Tengo el poder de crear la vida que quiero vivir.*
7. *Soy el único responsable de mis acciones.*
8. *Merezco ser el tipo de persona que yo quiero ser.*
9. *Estoy decidido a desarrollar todo mi potencial en el ámbito de la comunicación.*
10. *Me permito cambiar interiormente.*
11. *Me siento seguro y competente para seguir las instrucciones de este libro paso a paso.*
12. *Confío en mí mismo.*
13. *Confío en los cambios que este libro me permite generar en mi persona y en mi vida.*
14. *Disfruto del proceso de transformación.*

Te recomiendo que regrabes las creencias que acabas de interiorizar como mínimo una vez por semana durante las próximas cuatro semanas. Para regrabarlas basta que realices el paso 4 del proceso, o lo que es lo mismo, que te repitas mentalmente cada creencia varias veces mientras te pasas el imán.

El objetivo de la regrabación es reforzar las redes neuronales asociadas a la creencia en cuestión, lo que producirá que esa creencia se active en tu día a día con mayor facilidad y rapidez.

Bibliografía

Si deseas libros que te conduzcan en procesos de desarrollo personal y de transformación interior, la mejor recomendación que te puedo hacer son mis anteriores libros:

Ricardo Eiriz y Sandra Parés, *Recupera tu poder personal*, Editorial Sirio.

Son tres las claves para reconectar con tu poder interior: 1. Realizar una gestión emocional eficiente. 2. Tener una visión de ti mismo en la que te aceptas, te valoras, confías y te sientes seguro, y 3. Mantenerte alineado con tu misión de vida. Todo ello lo trabajarás con las indicaciones de este libro.

Ricardo Eiriz, *El alma de la salud*, Editorial Sirio.

La clave de la salud está en no perderla, y para ello es preciso tener hábitos saludables a nivel físico, mental, emocional y espiritual. Este libro te guiará para que en tu día a día vivas generando salud, y no enfermedad.

Ricardo Eiriz, *Apunta alto*, Editorial Sirio.

Los 7 hábitos de la gente altamente efectiva, que tan magistralmente diseñó Stephen Covey, cuando realmente son útiles es cuando emanan del subconsciente. Con las indicaciones de este libro tú mismo lo harás.

Ricardo Eiriz, *Un curso de felicidad*, Editorial Sirio.

Si quieres sentirte bien contigo mismo y con los demás, vivir en el momento presente, plantearte la vida con objetivos y metas y, por supuesto, no renunciar al poder de ser feliz con independencia de los demás o de las circunstancias, este es tu libro.

Si deseas conocer más sobre el subconsciente y los caminos que te llevan a reprogramarlo:

Ricardo Eiriz, *Método INTEGRA*, Editorial Sirio.

Aprende el modo en el que funciona la mente humana, desde una perspectiva totalmente práctica, en la que todos tenemos el poder de cambiar nuestra forma de pensar, sentir y reaccionar cuando lo deseemos.

Ricardo Eiriz, *Escoge tu camino a la felicidad y el éxito*, Editorial Sirio.

Mi descubrimiento del mundo energético en el que vivimos, de la mente y del subconsciente queda totalmente reflejado en el que fue mi primer libro escrito y publicado. Este libro, previo a la creación del Método INTEGRA, incluye la referencia a decenas de técnicas que permiten llevar a cabo algún tipo de transformación energética y mental.

Para profundizar en conceptos y técnicas relacionados con la comunicación:

Guy Kawasaki, *El arte de cautivar: Cómo se cambian los corazones, las mentes y las acciones*, Gestión 2000.
María Carmen García Tejera y José Antonio Hernández Guerrero, *El arte de hablar: Manual de retórica práctica y de oratoria moderna*, Ariel Letras.
Jeremey Donovan, *Método TED para hablar en público: Los secretos de las conferencias que triunfan en todo el mundo*, Ariel Empresa.
Robert B. Cialdini y otros, *HBR's 10 Must Reads on Communication*, Harvard Business School Press.